江西通史

——隋唐五代卷上冊

總序

　　世界上的很多事情都是由機緣而起因執著而成，包括我們這部《江西通史》。

　　說由機緣而起，是因為這件事情的發生幾乎純屬偶然。二〇〇二年夏天，我和彭適凡、孫家驊同志談到江西悠久的歷史、談到江西輝煌的文化，因而產生了組織專家編撰《江西通史》的設想，彭、孫二位當即認為此舉當行而且可行。

　　說因執著而成，是因為一旦有這個想法，而且認為這是一件研究江西歷史、弘揚江西文化的重要工程，就決心去做。為此，我徵詢了周鑾書同志的意見，並邀請邵鴻和方志遠同志共商此事，得到他們的熱烈回應。二〇〇二年十月十八日，在江西省文物局和江西師大歷史文化與旅遊學院共同舉辦的全省文博教育成果展示與經驗交流會上，我向大會通報了編撰《江西通史》的意見，引起全體代表的熱烈反響，大家用長時間的熱烈掌聲表示支持，認為這是貫徹「三個代表」重要思想、全面挖掘和整理江西傳統文化、推進江西經濟文化建設的一大盛事。有了這個共識，十二月十三日，準備工作進入實質性階段。在我的主持下，召開了有關專家和編輯人員的聯席會議，對編撰《江西通史》的指導

思想、作者人選、工作日程、成果形式等具體問題展開了比較細緻的討論。二〇〇三年二月十五日，召開了第一次編撰工作會，《江西通史》的編撰工作就此正式啟動。

雖然說是機緣和偶然，但新的《江西通史》的編撰，實已具備諸多因素和條件。

一、江西在中國歷史上具有重要的地位。根據最新的考古發現，在江西這塊土地上，人類的活動至少已有二十萬年曆史，它是中華民族發展史和古代文明發展史的重要組成部分；唐末五代以來，隨著全國經濟重心的南移，江西遂為全國經濟文化最為發達的省份之一，其物產之富、人才之眾，舉世矚目；進入二十世紀，江西又因為中央蘇區的建立而成為全國蘇維埃運動的中心。很難想像，在十分漫長的時段裡，沒有江西的中國歷史將會是什麼樣子。

二、文獻與實物資料豐富。江西既有「物華天寶、人傑地靈」之譽（唐王勃語），又素稱「文章節義」之邦（宋司馬光語）和「人文之藪」（清乾隆帝語），存世官修私撰文獻極為豐富。近年來一系列的考古發現，既可彌補文字記載之不足，更可與文

獻資料相互印證，為編撰《江西通史》提供了可供參考的實證材料和科學依據。

三、前期成果豐碩、學術隊伍整齊。老一輩的歷史學家仍然健在，他們不但學術積累深厚，而且對研究江西歷史有著強烈的責任心；中青年學者正趨成熟，他們繼承了前輩學者的嚴謹學風，又吸收了新的研究方法和研究技術，思維敏捷，勇於創新。在他們的共同努力下，這些年來已有大批高品質的有關江西歷史的學術成果問世，這些成果涉及江西歷史的方方面面，為編撰《江西通史》奠定了堅實的學術基礎。

四、政治環境寬鬆、經濟形勢發展。盛世修志是中國的傳統。改革開放以來，政通人和，國泰民安，江西經濟和全國一樣，有較快速度的發展。這為編撰《江西通史》提供了自由的學術氣氛和比較充裕的財力保證。近年來，江西的學術事業和出版事業取得了有目共睹的成就，連續獲得中宣部「五個一」工程獎和國家圖書獎、中國圖書獎，給江西文化藝術界和學術界以振奮，也引起了各兄弟省市的關注。這些成就的取得，為我們組織大規模著作的編撰工作提供了經驗。而周邊各省如湖北、湖南、浙江以及其他省市新編通史的紛紛問世，對《江西通史》的編撰是有力的推動，也提供了有益的借鑒。

五、從我個人來說，當時也恰恰能分出一些精力和時間來抓這件事情。於是盡力協調各方面的關係，為作者們、編者們排除各種障礙，以保證這項偉大工程的圓滿完成。

四年來，《江西通史》的編撰工作得到了各方面的關心和支持。黃智權、吳新雄省長親自過問此事並指示有關部門給予支

持，省政協將其作為一件大的文化事業進行推動，省社聯將其列為重大科研項目，江西師大、南昌大學、省社科院、省文物局、省博物館和省考古所等有關單位也對參與編撰的專家們給予各種便利，出版部門派出了強大的編輯班子並準備了足夠的啟動和出版資金。特別要指出的是，各位作者在繁忙的教學和科研工作中，能夠將《江西通史》的寫作列入重要的工作計畫並全身心地投入。我在第一次全體編撰會議上指出，《江西通史》的編撰是一項挖掘和弘揚江西歷史文化傳統的千秋事業，希望作者和編者將其視為自己學術生涯中的重大事業。事實證明，作者和編者們後來都是這樣要求自己的。正是因為有了各方面的支持和全體編撰人員的共同努力，十一卷的《江西通史》才能順利地完成書稿並得到如期出版。

明代中期，隨著區域經濟文化的發展，修撰地方誌成為一大文化現象。各省、各府乃至各縣的省志、府志、縣誌大量湧現。此後遂為傳統。盛世修志也不僅僅限於修前朝歷史，更大量、更具有普遍意義的乃是修當地地方史。具有全域意義的江西省志也正是在這個時候產生的。自明中期以來，江西整體史著作已編撰過多部，其中著名的有：林庭㭿《江西通志》（37 卷，明嘉靖四年），王宗沐《江西省大志》（8 卷，嘉靖三十五年；萬曆二十五年陸萬垓增修），于成龍、杜果《江西通志》（54 卷，清康熙二十二年），白潢、查慎行《西江志》（206 卷，康熙五十九年），高其倬、謝旻《江西通志》（163 卷，雍正十年），劉坤一、劉繹、趙之謙《江西通志》（180 卷，光緒七年），吳宗慈、辛際周、周性初《江西通志稿》（9 編，民國三十八年）。二十世紀

末，又有許懷林的《江西史稿》（1994 年，江西高校出版社），陳文華、陳榮華主編的《江西通史》（1999 年，江西人民出版社）問世。這些著作在保留江西歷史遺存、挖掘江西歷史文化方面作出了重要的貢獻。如何在充分吸取前人成果的基礎上有所發展、有所創新，是對新編《江西通史》的重大考驗。

為了使新的《江西通史》更具有時代特色和歷史價值，更具有劃時代的意義，我們對這部著作提出了以下的要求。

一、中國歷史是一個整體，我們在研究任何地方歷史的時候，都不能脫離這個整體。因此，正確認識各個歷史時期江西在全國政治經濟格局中的地位就顯得尤其重要，必須充分關注江西與中央、與周邊地區的關係，不溢美、不自卑，不關起門來論江西，將《江西通史》寫成一部與中華民族的整體有著血肉連繫的江西歷史。

二、《江西通史》是系統記述和研究江西歷史的大型學術著作，由眾多學者共同參與完成。一方面，各卷是作者的個人成果，是作者最新研究成果的結晶，可以也應該有自己的風格和特色，所以希望作者精益求精，使其成為各自領域的學術精品。另一方面，甚至更為重要的是，它又必須是一個整體，是一部「通史」，所以全書十一卷必須有統一的體例和統一的要求，在文風上一定要力求簡潔、明快。各卷作者務必服從整體、服從大局，使自己的作品成為整個《江西通史》的有機組成部分。

三、《江西通史》必須是一部真實、動態、有可讀性的信史。所謂真實，是指史料翔實、言必有據。此「據」是經過考證後認為合理的，否則，「盡信書則不如無書」（孟子語）。這就需

要每個作者既盡可能地系統爬梳和挖掘史料，又謹慎辨析和使用史料。所謂動態，是指用發展的眼光看問題，既將問題放在特定的歷史背景之下，又特別關注它的演進過程，因為即使是同一件事物，其狀態和作用也是隨著時間的推移和社會的變遷而變化的。這就需要每個作者以歷史唯物主義和辯證唯物主義的觀點和方法去闡釋歷史、去探討歷史演進的規律。所謂有可讀性，是指應該用流暢的文字、敘述的方法寫作，展示的是作者的觀點和結論，而不是考辨的過程，它的體例是史書而不是論文。無圖不成書。圖文並茂是中國出版物的優良傳統和重要特點，《江西通史》應該在盡可能的情況下，收集能夠說明江西歷史各階段各方面狀況的歷史圖片，以加強其歷史感和可信度，同時也使其更具有可讀性。

四、以人為本，以民為本，以基層社會為本。所謂以人為本，指的是要寫成人的歷史，以人的活動為描述物件，即使是制度、習俗，也應盡可能地有人的活動。所謂以民為本，指的是盡可能地站在大眾的立場上來敘述歷史、看待歷史，更多地敘述大眾的活動。所謂以基層為本，是因為地方史本身就是基層乃至底層的歷史，要盡可能地揭示基層組織和底層社會的活動狀況。在此基礎上，充分重視統治者和社會精英對社會的主導作用，重視自然環境、人文環境，特別是包括傳統價值觀念和現實政治制度等在內的上層建築對個人、對大眾、對底層的影響和制約作用，寫成一部上層建築與經濟基礎互動、國家權力與基層社會互動、社會精英與人民大眾互動的歷史。

十一卷本《江西通史》即將付梓，我們希望它的出版能夠成

為江西歷史研究的新的里程碑、能夠成為江西文化史上的一大盛
事。當然，能否達到這個目標，還要由讀者和歷史來檢驗。

導論

　　隋唐五代（581-960年）是中國歷史發展過程中的重要時期，
也是江西歷史發展過程中的重要階段。受政治、軍事、地理、民
情等因素的影響與作用，江西融入大中國歷史的時間稍稍滯後，
其「隋唐五代」應是始於西元五八九年楊隋占江西，而終於西元
九七五年趙宋滅南唐。本卷即敘述這三八七年的江西歷史。

一

　　開皇元年（581年），楊堅（隋文帝）奪取北周政權，建立
隋朝。九年（589年），隋大軍南下平陳，統一全國，結束了自
漢末以來中國長期的分裂局面[1]。

　　隋文帝為穩固大統一局面與楊氏天下，在政治、經濟、文化
等方面採取了一系列頗有成效的政策措施。以政治為例，隋文帝
在中央實行三省六部制，三省長官都是宰相，各對皇帝負責，於

1　自西元一八四年黃巾起義後出現軍閥割據至五八九年隋朝統一中國的
　四百年間，除西晉有三十餘年的統一外，其餘全國均處於分裂狀態。

是皇權大大加強。在地方建置上，隋文帝確立州（郡）、縣二級行政體制，並規定九品以上的地方官由中央任免、考核。地方行政機構的簡化和地方官任免權力集中於中央，加強了中央對地方的控制。縣以下設立鄉、里、坊、村等基層組織，從而重新建立起類似秦漢的統一的封建集權體制。隋煬帝楊廣即位後進一步強化統治權力，同時因其濃厚的江南情結，在政治、經濟、文化等政策措施中處處顯現出對南方的重視與眷顧。政治上，隋煬帝於洛陽建立東都、于揚州建立江都，一改隋前期以長安為中心的「關中本位」之政，行政權力逐漸向東方、南方傾斜。隋煬帝改革魏晉以來沿襲數百年的按門第高低選用官吏的九品中正制，創立科舉制，用考試的方法選拔人才，這既限制了門閥士族對選舉的把持，又為庶族地主參政開闢了途徑，同時提升了江南人士在隋政權中的地位，極有利於統治基礎的穩固。經濟上，隋朝在北方整理人口，改革均田制，實行新的租調製，使其更有利於經濟的發展與社會進步。隋統一南方特別是隋煬帝主政後，為穩定南方，大力照顧南方地主階級的利益，對其經濟制度基本予以維持，並實行賦稅優惠政策，從而使六朝以來南方經濟發展的良好形勢得以繼續與加強。特別是開鑿大運河，溝通中國南北，不僅加強了對南方的政治、軍事、經濟控制，而且有利於南北的經濟、文化交流。文化上，隋代敬佛崇道，弘揚儒家學說，使傳統文化復興。隋煬帝一反其父關中本位文化政策，大力鼓吹南方文化，遂使南方文化逐漸呈現出成為文化主流的歷史趨勢。

大一統的形勢，統治者的勵精圖治與人民的辛勤勞動，使隋皇朝達到中國有史以來的強盛局面，但它實行「藏富於國」而不

顧民生的政治經濟政策，卻導致了統治基礎的嚴重危機。特別是隋煬帝厲行暴政，荼毒民命，不僅極大地加深了人民的苦難，而且激發了統治階級內部的矛盾。六一〇年後，社會騷動不安，上層反叛，農民起義，勢如燎原，隋朝分崩離析。六一八年隋太原留守李淵代隋建唐。

唐朝建立後，統治者吸收隋朝興亡的歷史經驗教訓，革故鼎新，使封建政治、經濟、文化等各個方面得到恢復與發展。以經濟為例，唐朝前期，統治者實行休養生息政策，通過均田制和租庸調制，積極扶持小農經濟，發展手工業和商業。由「貞觀之治」到「開元盛世」，農業、手工業、道路交通、商業等全面進步，唐朝步入了繁榮昌盛的歷史時期。然而，強盛的唐朝深藏著嚴重的統治危機。隨著社會經濟的發展，唐朝土地兼併加劇，人口流亡嚴重，均田制與租庸調制難以維持，作為國家基礎的小農經濟問題不斷。特別是以唐玄宗為首的統治者耽於淫樂，荒於政事，胡亂治國，加劇了唐帝國統治階級內部的矛盾。

七五五年安史之亂爆發後，唐皇朝從繁榮昌盛的頂峰急劇墜落，政治、經濟、文化等方面發生了較大的變化。政治上，中央集權體制遭到極大的破壞，但基本能予以維持，特別是廣大南方的地方行政制度並沒有受到多大削弱；原先主要在邊疆地區施行的節度使制度逐漸推廣至內地；使職差遣制度盛行；以「進士科」為中心的科舉制度日益深入，庶族地主開始在政治舞臺上占主導地位。經濟上，統治者鑒於均田制與租庸調制難以維持的現實，實行兩稅法，全面改革賦役制度，更有利於地主制經濟的發展。值得注意的是，安史之亂嚴重地破壞了國民經濟，卻重新配

置經濟資源，一些欠發達地區得到了新的機遇，廣闊的南方地區的經濟開發逐漸深入，長江中游地區成為當時中國發展最快的區域。有唐一代，統治者重視文化建設，官、私文化教育均較發達，各民族間的文化交流活躍，以詩歌為中心的文學創作和書法、繪畫、雕塑、石窟藝術、音樂、舞蹈等眾多藝術門類得到了空前的發展，一派繁榮景象。唐朝文化寬容，儒、釋、道「三教」並重，儒學復興，佛、道為代表的宗教文化達到鼎盛。總之，安史之亂以後，唐朝的社會經濟文化仍曲折地向前發展，並在不少方面仍取得了較大的成就。

安史之亂後百餘年間，藩鎮割據、宦官專權、朋黨之爭交織，外患不斷、民亂兵變不息，唐政權日漸衰微。最後經黃巢起義的沉重打擊，終於土崩瓦解。唐哀帝天祐四年（907年），原黃巢義軍將領、降唐後任命為宣武節度使的朱溫，武力統一了黃河流域，遂廢哀帝自立，改國號為梁，定都開封。從此中國境內梁、唐、晉、漢、周五代迭相更替，前蜀、後蜀、吳、南唐、吳越、楚、閩、荊南、南漢、北漢等十國相繼建立。五代十國五十六人稱帝稱王，兵燹連綿，還有契丹等少數民族擾亂中原，整個中國長期處於分崩離析的狀態之中。西元九六〇年後周大將趙匡胤代周建宋，重新確立中原秩序。此時尚有南唐、後蜀、吳越、荊南、南漢、北漢等政權，割據從南到北的大片境土。直到宋太平興國四年（979年）這種混亂的局面才結束。

五代十國是中國歷史上極為混亂與黑暗的時代，但在某些時期某些地域內經濟文化仍然得到發展。吳國奠基者楊行密佔領江淮地區，為醫治戰爭創傷，實行保境息民，招撫流亡，減輕租稅

等政策，使江淮地區農業生產迅速恢復。其後徐知誥執政，改革兩稅徵收辦法，不僅增多了國家稅收，還大大調動了農民生產積極性，推動了江淮地區農桑生產的發展。南唐建國以後，繼續減輕賦役，獎勵開墾荒田，種植糧桑，發展手工業、商業，使南唐成為南方諸國最富強的國家。當然，在軍國時代，南唐統治者的榨取政策也對本區經濟發展帶來了不少消極的影響。另外，南唐統治者的文化素質較高，也極為重視文化的建設，以致在混亂的時期仍取得不凡的文化成就，使南唐成為當時中國屈指可數的文化興盛地域。

總體而言，隋唐五代是中國封建社會走向繁榮和成熟的時期，政治、經濟、文化等成就足以輝煌一世，在中華民族的文明發展史上佔有重要的地位。正是這一歷史形勢，江西地區創造出大大超越前代的物質文明與精神文明，和大中國歷史發展同步。與此同時，也因本區的社會、政治、經濟、文化、地理等因素的作用與影響，呈現出鮮明的地域特色。

二

自西漢初年在江西地區建立郡縣機構後，本區的行政體制一步步得到發展，並隨著區域的清晰而逐漸趨於合理。隋唐五代時期是江西行政體制走向完備的關鍵時期。

隋朝統一中國後，地方行政體制沿襲前代而又多有創制，在全國推行郡縣二級行政體制，並針對州（郡）縣多而戶口少的弊病，裁閑併小。隋政權依據江西地區政治、經濟、地理等實際，將南朝陳時的七郡六十餘縣，整理為七郡二十四縣，比較合理地

解決了本區的行政區域。雖然隋在江西的統治較短，這種體制在當朝發揮的作用有限，卻為其後的唐皇朝在江西建立統治機構奠定了良好的基礎。

唐代確立「道」制，從事實上重建了地方的三級行政機制，使地方的統治體系更加合理，中央集權體制進一步加強。唐太宗時開設了「江南道」，唐玄宗時將其析分為「江南西道」、「江南東道」和「黔中道」。其中「江南西道」轄今贛、湘兩省及皖南、鄂東地區，治所確立在洪州（南昌），「江西」由此得名。唐中期以來，江西設江南西道，設觀察使（有時為節度使），管轄洪、饒、吉、江、虔、袁、撫、信等八州，江西省域框架基本形成。有唐一代，江西州縣的增置主要是經濟發展和人口增長的結果。

江西「襟三江而帶五湖，控蠻荊而引甌越」的地理形勢，素為中原皇朝用兵南方重要區域。早在秦漢用兵嶺南、百越時就顯示了重要的軍事地理的作用。由於江西影響南方的兵要地理，唐政府對江西控制相對嚴格。不過，其政治地位並沒有得到多大的提高。這從任職江西的行政長官很少是統治集團的核心（重要）人物可略知一二。江西是唐代政權穩定的重要力量，安史之亂及其藩鎮割據對江西地區政治沒有產生多大影響，但江西堅定地支持中央政權，輸出了大量的人力、物力與財力，對中央平定安史之亂及牽制藩鎮割據作出了一定的貢獻。唐後期，南方邊地往往一有時機就游離中央政權，甚至武力相向。江西因地理形勢，成為皇朝控禦南方的重要區域，唐政權對嶺南、南詔、川西等南方地區的用兵，大都以江西為後方軍事基地。這表明江西在長江以

南地區的重要控禦作用。

　　唐末，江西地區仍相對安定與富庶，受黃巢義軍、江淮軍閥在江西活動的影響與作用，江西一些地方割據勢力趁機崛起。洪州鐘傳、撫州危全諷、吉州彭玕、虔州盧光稠等紛紛割地自立，控制了大半個江西。此外，還有為數不少的地方小豪強活動其間。唐政權崩潰後，他們各自為政，在一個時期形成了江西地區的地方豪強政治局面，一定程度上維持著江西社會的穩定和發展。然而，江西地方豪強由於受天下軍政形勢的影響，特別是自身安於保守、不善團結、力量不足等缺陷，不能建立以江西為中心的統一的區域政權，而最終被淮南楊吳政權所兼併。

　　楊吳佔領江西不久，其政權即轉入南唐李氏之手。江西作為吳、南唐割據政權的重要組成區域，軍事色彩比較濃厚。南唐進一步整理了江西地區的地方行政機制，適應政治、經濟發展的需要，增置縣治，江西遂有十州軍五十六縣。南唐在江西的統治比較穩定，且極大地發揮著江西地區的軍政功能，把江西作為其向東西擴大統治區域的軍事基地和國家政治活動的後方基地。特別是南唐中主李璟將洪州提升為「南昌府」，並建「南都」於此，南昌一度成為南唐政權的政治、經濟、人文中心，一定程度上提升了江西的政治地位。趙宋開寶八年（975年）滅南唐，江西地區重新納入大一統皇朝之中。

　　總體而言，江西因偏離政治核心區，由中央政治問題而引起的衝突少見，內部也相對安定，是隋唐五代政權統治較穩定的地區，是維護統治皇朝的重要力量。當然，在某些時期，江西民眾因統治者的橫徵暴斂，兼受外來民變的影響，局部地區也曾發動

一些反抗，或形成地方割據勢力。

三

　　吳頭楚尾的江西是我國開發較早的地區之一，商周時代社會文明程度已較高。但此後長期處於「飯稻羹魚」、「不待賈而足」的自給自足狀態[2]，發展緩慢。六朝時期江西得到較大的開發，部分地區經濟發展較為迅速，但總的說來經濟水準仍處於中國中下地位。隋唐五代時期，江西地區經濟騰飛，實現了在長江中游地區的崛起。

　　江西地處長江以南地區，氣候溫和、雨量充足、土地肥沃，地形以山地丘陵為主，平原面積也不少，江河湖泊縱橫，農業生產的自然條件比較優越，不僅適宜以水稻為主的糧食作物生長，而且也適宜以茶葉為代表的多種經濟作物的種植，以及漁業等水產的生產。此外，礦產、森林等資源豐富。在農業社會中，江西的自然條件有適合經濟開發的潛力與優勢，一旦遇到有利經濟開發的社會環境，其社會經濟發展速度將是極其快速的。隋唐五代江西農業經濟得到迅速和全面的發展，除了當時整個中國的封建經濟繼續向前發展，生產關係得到一定程度的調整，生產力得到一定程度的解放，以及江西的地理環境和自然條件有適宜發展農業的良好的生態環境、經濟基礎的變化這一類重要原因外，還有一點不容忽視的是上層建築的因素，即政府的重農政策和救荒政

　　2　《史記》卷一二九《貨殖列傳》。

策所起的積極作用以及大力發展農田水利事業、改進農業生產工具等帶來的促進作用。

勞動力是自然經濟形態下生產進步、經濟繁榮的決定性因素。隋唐五代的江西，正處於由淺度開發轉向深度開發、由狹度開發轉向廣度開發的關鍵時期，需要大量的勞動人口。隋唐以前，江西地區開發不足，經濟落後，與本區大部分地區人口稀少相關。隋唐五代江西人口的大幅度增長，除了長期以來江西地區相對穩定和經濟發展，人口陡然增殖較快外，還在於相當數量的移民自中唐以來持續不斷遷入江西。安史之亂以來，中原地區戰亂嚴重，北方人口紛紛尋求「樂土」而南遷。江西「既完且富，行者如歸」，大量的外來人口在此求生存與圖發展。唐末五代，又因北方動盪生計艱難而江西相對安定富足，外來人口又一次掀起了移民江西的浪潮。外來移民不僅大大增加了江西地區的勞動力，也帶來了北方先進的生產技術，加速了江西地區的經濟開發。以土地開發為例，江西地區至唐中後期，條件較好的平原湖澤區域已開發殆盡，而條件較差的山地丘陵也日漸開發。土地經營中，江西已走出了純粹個體經營的狀態，在一些地方已採取莊園生產的模式進行生產。

江西地區的農業經濟開發，是以糧食業為中心展開的。隋唐五代時期的江西，與秦漢六朝相較，不僅水稻種植面積不斷擴大，畝產量不斷提高，而且麥、粟等糧食作物的種植也更加普遍，已逐漸成為全國著名的稻作區、糧食供應的主要基地之一。伴隨著糧食產業的興旺，經濟作物的種植也更加普遍，多種經濟成分展開，林牧漁等副業也在前代的基礎上有了較大的發展。經

濟作物以及農副產品成為市場上的重要商品，農產品商品化成分大增。江西地區整個農業經濟結構發生了巨大的轉變，由原來比較單一的農業轉化為複合性農業，商品化農業生產顯著增長。值得注意的是，秦漢六朝以來，江西因多山地丘陵而較難開發，故經濟地位在長江中下游地區一直處於中下。但隋唐以來，以茶葉為代表的經濟作物的種植、木材業的興盛，加上山區採礦業發展，山地經濟便快速發展起來了，極大地推動了本區經濟的發展與經濟地位的上升。

在農業經濟發展的基礎上，隋唐五代江西手工業也得到了較大的發展，取得了不少的成就。礦業、造船業、陶瓷業、紡織業、造紙業、釀酒業、製茶業等都在全國前列。例如，唐代江西的洪州窯名氣很大，陶瓷產品運銷全國，大有壓倒天下群芳之勢，而昌南鎮的陶瓷也日漸興起與壯大；造船業號稱「舟船之盛，盡於江西」。

地區經濟的開發與進步，要求道路交通暢通、運輸便利。江西地處於長江中游，是連結東西南北的重要區域。秦漢以來，中原連通嶺南最便捷的線路就是由長江入鄱陽湖，溯贛江南行至贛南，然後翻越大庾嶺由陸路進入粵北；此外，從鄱陽湖入信江至饒州，翻越武夷山則可進入閩北。因此，鄱陽湖水系完全可以視為南北交通的樞紐。但長期以來，江西內部交通雖然較為便利，對外交通卻困難不少。除了有限的交通孔道與外界連繫往來外，基本成相對封閉的狀態。隋唐大一統，帶來了全國道路交通的極大改善。特別是隋大業年間開鑿的大運河，唐開元初修治的大庾嶺道，使江西地區融入了全國的交通網路系統之中。

隋唐五代時期，江西地區社會環境的相對穩定，農業和手工業的發展，交通運輸條件的極大改善與商路的開闢，加上商人的活躍，為江西的商品經濟發展與城鄉商品經濟的繁榮奠定了堅實的基礎。江西的商品經濟以都市為中心，以鄉村為基礎。商業的發展與城市的繁榮互相作用，使作為江西政治經濟文化中心的南昌商品經濟得到了較大的發展。隨著城市經濟的發展，社會分工越來越細，城市居民大多脫離農民生產，他們日常生活所需物品常依賴市場。這又進一步刺激了商品經濟的發展。在商品經濟推動下，唐中後期以來，不僅作為地方經濟中心的州縣城市得到迅速的發展，不少地方小市場中心的草市、市鎮也普遍興起。這些草市、市鎮構成了地方性小市場網，使當地農副產品、手工業品有集散之所。江西地區由此初步形成了有一定系統組織的商品市場。隋唐五代江西商品經濟的發展，是造成江西社會繁榮景象的一個重要條件。

總之，隋唐五代特別是中唐五代，隨著有利於江西經濟開發的社會環境的出現，江西的社會經濟得到快速的發展，農業、手工業、商業和交通業等發展到一個新水準，呈現一派繁榮昌盛的景象。當然，由於江西境內各地區的具體條件不同，本區在全面發展的過程中，也表現出曲折性和不平衡性。

四

六朝時期江西地區文化雖有了顯著的發展，儒、佛、道文化各有成就，但仍居於全國的中下流水準。本區文化名人寥若晨星，獨立的文化區域尚未形成。隋唐五代特別是中唐五代時期，

江西地區一改昔日落魄，文化日益呈現出興盛繁榮景象，成為中國突出的文化現象。

文化的發展、繁榮是與文化教育的進步和文化人士的努力密切相關的。隋代，由於統治者在江西還沒有來得及展開文化建設，政權即崩潰，因而這一時期江西文化幾乎無成就可言。唐代不僅是極其重視文明教化的時代，也是文化人士極其活躍的時代。在一種重視文治的思潮之下，江西境內或繼承或創建了不少學校，建立起了比較系統的州、縣學，對江西的教育發展起了積極的推動作用。活躍于江西地區的不少文人士子，不僅極大地豐富了江西地區的文化內涵，而且積極地在引導、刺激本區文化的成長。另外，大量北方人民南遷入贛，不僅推動了江西經濟的發展，而且在文化方面也留下了深刻的影響。當然，這一時期江西地區文化的發展，更與本區的文化人士的艱苦努力分不開。

在社會重文風氣的影響和作用下，伴隨著官學的發展，江西地區私學較諸官學並不遜色。受科舉風氣以及北方文化人士在江西活動的影響，江西民間極其重視文化建設，私人興學辦學之風也相當盛行。中唐以來，江西地區除了應運而生大量的鄉村學塾外，相對發達的書院教育成為本區文化教育的重大特色。江西書院的興盛為江南之最，不僅起始早、數量多，而且成就大、影響深，這對於江西人才的成長起了特別的作用。唐朝後期因國家文化體制遭受社會動盪的破壞，官學盛況不再，尤其是科舉重詩賦等內容而與官學教育脫節，士子求學遂轉而投向私學的書院教育。

唐末，天下大亂，中原一帶經濟文化均遭到極為嚴重的破

壞，學校教育也被破壞殆盡，國子監、州縣學徒存其名。但江西卻因為社會相對安定，以書院為代表的私學教育繼續呈興盛氣象。特別是本區的地方領袖注重文化人才的建設，不僅積極扶持本區文化人才，而且通過辟召幕僚、薦舉士子的方式，吸收外地人才到江西，無形中強化江西在文化上的凝聚力與生命力，成為當時少有的保持文化發展的地區。至五代時期，雖然天下干戈不息，斯文掃地，但統治本區的南唐政權重視文化建設，就教育機構而言，有廬山國學，與金陵國子監競秀；有一批書院，造就了一大批人才。總之，江西地區的文化進程沒有打斷，仍然維持較快的發展趨勢。這為爾後江西數百年的文化發展打下了堅實的基礎。

　　唐五代江西文教事業的發達以及文化的快速崛起與地位的大大提升，突出體現在本區的人才興盛上。有唐一代本區科舉進士六十五人，這在當時是一個相當不凡的文化成績而足以自豪。與此同時，江西本土詩文家活躍文壇。唐前期「河岳英靈」二十四，綦毋潛、劉眘虛（劉慎虛）、王季友占其三；唐中期的「大曆十才子」，吉中孚據其一；唐晚期「芳林十哲」，鄭谷居其首。鐘紹京、董源、徐熙等影響全國的江西書畫家的出現，正是江西文化發達的重要標誌。文教的興盛，科舉的成就，使江西地區出現了如袁州、洪州著名的文化地域，也使江西成為全國著名的文化重心之一。

　　隋唐五代時期，江西優美的自然環境、便利的交通條件、富庶的農耕經濟、傳統的文化淵源，促使以佛、道為代表的宗教文化繁榮鼎盛。特別是唐以來深刻影響中國的南禪，在江西的成就

尤其巨大：馬祖道一創立的洪州禪改革禪宗機鋒轉語，將禪學與中國文化融合，使佛學更加平實化，發揚光大南傳禪宗曹溪頓教的風格。禪宗的中國化，從本質上言，最後在江西得以完成，成為中國文化中不可小視的現象；江西佛教的祖庭之多，名僧之眾，禪宗之盛蜚聲國中，成為中國佛教的朝聖重地，時有「求官到長安，求佛到江西」之說；南宗佛教的五家七宗，創立或淵源於江西，遠播海內外，影響數世紀。

人文發展以經濟發展作為基礎。隋唐五代時期江西地區人才輩出、人文日新的原因很多，但根本的則是本區經濟發展與繁榮。

五

中國古代經濟文化的發展，伴隨著重心南移的歷史過程。中唐五代正是中國經濟文化重心南移關鍵的歷史時期，江西社會經濟文化的發展與變遷深刻地闡明了這一點。

先秦、秦漢時期，北方是中國政治、經濟、文化的中心。自東漢後期以來，封建社會內部固有的矛盾的發展和北方少數民族力量的作用，使得長期是經濟、文化中心的黃河流域的發展勢頭受到限制。特別是頻發的社會動亂，北方的經濟、文化屢屢頓挫。人口是封建國家賦稅、徭役、兵役的基礎，國家對人口的控制比較嚴密，人口的流動受到比較多的限制。同時，農業社會中的民眾安土重遷，也一般不大願意遷徙。但是，政治中心的北方往往週期性地發生大動亂，導致相當部分的北方人口向南方遷移。東漢末年，中原軍閥混戰，很多人避難南逃；五胡亂華，晉

元帝渡江，隨行官僚及百姓極多，江南設立僑郡、僑縣加以安置；南北朝時期北方戰亂頻繁，又有很多中原人民南遷；唐朝安史之亂，繼之藩鎮割據，北方城鄉殘破，百姓紛紛過江避難。這一波又一波的人口大量從北方流失帶來的直接後果就是北方經濟文化的衰退，而相對的是，作為人口主要流入的南方則產生了推動經濟文化發展的新生動力。政治的動亂往往引起勞動力的重新配置，經濟格局的重新調整，對經濟發達地區是嚴重的災難，而對於經濟非發達地區卻往往成為一次發展的機遇。隨著北方的一次又一次大規模的動亂，中國經濟文化重心南移至唐中期已是不可轉移的趨勢。

江西地區第一次成規模地接收外來移民是西晉永嘉之亂之後，當時受五胡侵擾的北方人民大批向南方遷徙，流民在南遷的過程中也有約萬餘人進入贛北地帶，對當地人口的增加及社會經濟的發展產生過一定的積極影響。迄至唐朝安史之亂後，中國歷史上發生了第二次大規模的北人南遷運動，深刻影響江西地區。江西地區不僅人口大量增長，而且經濟、文化的地位也得到較大的提高。六朝以來的經濟發展基礎，隋唐以來的社會安定及勞動力的大量增加，統治者對本區經濟發展的重視，使江西地區的經濟開發迅速展開。江西地區作為中國經濟重心南移的前沿地帶也得到了發展的條件。這一時期，江西的農業生產力有了很大提高，掀起了墾荒拓土的熱潮，糧食產量大增，經濟作物種類增多，農產品商品化趨勢增強，綜合性、經濟型農業取得了很大的發展。手工業得到普遍發展，手工業門類增多，手工業產品與市場連繫更為緊密，商品化趨勢增強。商品經濟進一步發展，城鄉

商品經濟取得重大進步，商品構成也漸趨社會化、生活化，人們日常生活對市場的依賴性大大增強。由於新的經濟模式的積極作用和影響，江西地區民眾的生活也得到一定程度的提高。至唐後期，江西基本改變了以往「火耕水耨，食魚與稻，以漁獵為業」的局面，社會經濟呈現出新的發展趨勢。在一個人口與土地等資源相對均衡的農業社會，人口的地理分布及其變遷直接反映了經濟與社會的發展狀況。從縣治增減和戶口統計兩項指標考察：隋朝統一，七郡二十四縣，有戶口約八點七萬；經過二百年的休養生息，到唐憲宗元和年間，江西八州三十八縣，有戶二十九萬餘；南唐時，江西十州軍五十四縣，戶數大約三十餘萬。隋唐五代江西人口迅速增長，正是這一時期江西經濟發展的表現之一。而人口的大量增加，也極大地推動了隋唐五代江西經濟的前進。對國家賦稅貢獻，也是衡量一個地區經濟發展的重要指標，安史之亂後，江西上升為唐政權主要財賦基地之一，時人有言：「江西七郡，列邑數十，土沃人庶，今之奧區，財賦孔殷，國用是系。」[3]總之，唐五代江西已是地廣人多、經濟發達的地區，也是長江流域發展最快的地區，從而奠定了作為經濟重心南移前沿地帶的地位。

在中國古代文化重心南移趨勢的直接影響和作用下，中唐五代江西也作為文化重心南移的重要區域出現在南部中國。西晉永嘉之亂以來，中國的文化重心出現南移的趨勢。《通典》卷一八

3　《白居易集》卷五十沂《除裴堪江西觀察使制》。

二《州郡典‧古揚州‧風俗》即稱：「永嘉之後，帝室東遷，衣冠避難，多所萃止，藝文儒術，斯之為盛。」雖然這種趨勢隨著隋唐的大一統而遲滯，但文化重心的南移卻已不可阻擋。隋唐以來，長江流域文化在經濟發展的前提下，在地區整體文化素養普遍提高的土壤中，萌發出前所未有的勃勃生機，這其中尤其以江西文化最為世人矚目。江西區域文化中心的形成，是與江西的社會經濟發展相一致的。六朝廬山之所以形成佛教文化的重要中心，就在於廬山的地理交通以及所傍依的相對發達的江州經濟。隋唐以降，中國封建社會經濟重心的南移趨勢特別是江西經濟的發展為贛文化的勃興奠定了基礎。此外，江西交通條件的改善與地位的上升又為本區文化與其他同質地域文化的交融創造了條件。加之唐五代不少中原世宦、文人學士遷入或遊歷江西，帶來了先進的中原文化基因，加速了贛地文化提升的進程。科舉制度的深入，又為贛地文化的勃興帶來了千載難逢的歷史機遇，大大促進江西文化的繁榮。唐末五代，全國大部分地區的文化頓挫，江西卻因得天獨厚的政治、經濟、文化環境，不僅維持而且繼續推進文化的發展與繁榮，遂成為當時中國封建教育和文化傳播的中心之一，在文化重心南移中擔當重要角色。

在中國古代經濟、文化重心南移的過程中，唐五代江西儘管經濟、文化發展的速度與成就在長江流域首屈一指，但經濟、文化仍有相當的不足。以經濟而言，江西由於秦漢六朝以來原有水準較低，因此發展的速度儘管可能在長江流域最快，但發展的水準依然落後於這一流域的經濟發達地區，只能處於中等地位。同時，江西內部地區之間的經濟差別極大，以偏遠山區為代表的不

發達地區仍然在相當大的程度上存在。以文化而言，江西文化儘管取得了較大的成就，但缺陷也是顯著的。受正統的儒家官僚文化影響極大，科舉文化出現偏狹的發展趨勢；除禪宗文化有創新外，江西於一般的學術思想界是無大的貢獻，對全國的影響非常有限。唐五代的江西並沒有產生足以真正自豪的「贛文化」。

秦漢六朝江西的經濟文化，乃屬於荊揚經濟文化圈之中，根本原因在於本區的經濟文化沒有突出的表現，尚沒有形成獨立的性格。隋唐五代江西地區在中國經濟文化重心南移的歷史大勢推動下，快速而全面地發展，作為一個獨立和頗具實力的經濟文化區域崛起於長江中游地區，初步呈現出「物華天寶」、「人傑地靈」的經濟文化特色，並為中國古代經濟文化重心南移作出了較大貢獻。

目錄

第三章 | 經濟繁榮與中部崛起

第一章——

政治經營與
軍事鬥爭

隋唐大一統，江西由抗拒而順從，重歸中原皇朝管轄，軍政建設得到極大強化。安史之亂後，江西與中央政權的政治、軍事、經濟活動更加緊密，成為維護皇朝的重要力量。唐末五代，江西對南方政治、軍事的影響顯著，出現了不少政治、軍事性的人物。隋唐五代的江西，社會秩序總的說來比較穩定，但當國家政治腐敗、社會動亂、壓迫沉重之際，受外部民情影響，也有若干民眾的反抗活動，對本區的政治環境、社會生態造成了一定的影響。

第一節 ▶ 隨朝對江西的短暫統治

隋朝在統一江南的鬥爭中，受到江西地區較為堅決的抵制；統一江西以後，實行了有效的統治，取得了相當的成果。由於全國形勢的影響，隋朝末年，江西掀起了以林士弘為代表的反抗隋統治的鬥爭。隋統治江西的時間雖短，卻奠定了江西發展的基礎。

一 兵定江西

北周大定元年（581 年）二月，時為大丞相的外戚楊堅廢周靜帝宇文闡，建隋稱帝，改元開皇。隋文帝楊堅登基伊始，採取一系列整頓和改革措施，如改定官制，改革地方行政機構，繼行均田制，整頓賦役與戶籍，強化府兵制等，以利加強中央集權與發展社會經濟，使國力、軍力日益增強，並應天下大勢積極準備

統一中國。當時，偏安江左的南朝陳政權正日薄西山，陳後主及其臣僚政治上昏庸無能、日益腐敗、府庫空虛、民眾窮困。軍事上迷信長江天塹而消極防禦，形如坐等滅亡。

開皇七年（587 年），隋攻滅建都江陵的後梁政權，掃除了向江南進軍的障礙。八年，隋文帝派晉王楊廣率領五一八〇〇〇人的大軍，向陳朝發起總攻。九年正月，隋大將韓擒虎、賀若弼分別率軍渡江，未遇重大抵抗，迅速攻下了陳都建康（今南京市），俘虜了後主陳叔寶及其在建康的文武大臣。在抵抗隋軍南下以延緩陳朝生存的鬥爭中，尋陽（今九江）人周羅睺作出了較大的努力。開皇八年十二月，當隋大軍壓境時，時為陳朝散騎常侍的周羅睺都督巴峽沿江諸軍事，與郢州刺史荀法尚守江夏，以拒長江上游隋軍。周認真準備，積極防禦。隋秦王楊俊督三十總管水陸十余萬屯漢口，無法前進，相持逾月。直到開皇九年正月，隋晉王楊廣進入建康後，命陳叔寶以手書曉諭長江上游陳將，周羅睺才停止抵抗。周羅睺堅守長江上游，忠誠王事，受到隋文帝的接見與撫慰，許以富貴。羅睺垂泣對曰：「臣荷陳氏厚遇，本朝淪亡，無節可紀。得免於死，陛下之賜也，何富貴之敢望！」隋文帝感動，拜上儀同三司[1]。周羅睺後來成為隋朝重要的將領，參與了擊突厥、征高麗等諸多重大戰役。

以陳後主投降為標誌的陳朝雖然覆滅了，但包括江西在內的江南大部分地區仍待統一。陳朝的地方政權實行州、郡、縣三級

1　《資治通鑒》卷一七七「隋文帝開皇九年」條。

體制。陳朝的江州，大體相當於今天的江西地區。其涉及今江西省境的共有十一個郡：豫章郡（治今南昌市）、廬陵郡（治今吉水縣東北）、潯陽郡（治今九江市西南）、巴山郡（治今崇仁縣西南）、安城郡（治今安福縣東南）、鄱陽郡（治今鄱陽縣）、臨川郡（治今臨川縣西）、安樂郡（治今蓮花縣南）、太原郡（治今彭澤縣東北）、南康郡（治今贛州市西南）、豫寧郡（治今武寧縣西）。江州處於荊、揚之間，在整個六朝時期居於重要的戰略地位，其得失往往關係政權的軍政大局。在隋攻陳之際，陳後主命其子陳嶷負責江州軍政。不過，隋軍採取多路進兵、水陸並舉、割裂圍殲、重兵直搗黃龍的方略，迅速地奪取了建康，江州策應上下游和翼護建康的重要作用並沒有得到真正的體現。當隋軍奪取建康後進一步實施統一南方計畫時，江州戰略地位突顯出來。

　　隋軍佔領陳朝首都建康之後，蘄州總管王世積率隋軍舟師從蘄州順長江東下，到達九江，將陳後主投降的消息曉諭尚未攻佔的江南諸郡。陳朝九江司馬黃偲聞訊棄城逃走，豫章太守徐璒、廬陵太守蕭廉、潯陽郡太守陸仲容、巴山郡太守王誦、安成郡太守任瓘以及鄱陽郡、臨川郡的守將，屈從隋軍力量，紛紛向王世積投降。隋軍越江西向南推進，嶺南紛擾不安，共奉陳高涼郡少數民族首領冼夫人為主，抗拒隋軍。開皇九年二月，隋朝派柱國、江州總管韋洸前去安撫，因路途險遠，加上原陳豫章太守徐璒的有意阻隔。韋洸至嶺下，逡巡不敢進，招撫嶺南一時不能取得成效。當此之時，原本只是假降隋軍的徐璒，背靠嶺南，據守南康郡，與隋軍作對。隋朝晉王楊廣見嶺南尚未歸附，便命令陳

後主寫信曉諭冼夫人，勸其歸順隋朝。隨信還有冼夫人當年所獻陳朝的犀杖及兵符為證。深識天下大勢的冼夫人與諸首領在慟哭一番後，決意歸附隋政權，派她的孫子馮魂率眾前往迎接韋洸。嶺南附隋，韋洸得以派開府呂昂、長史馮世基率兵相繼向南康城進軍。徐璒腹背受敵，拼死抵抗卻節節敗退，最後率所部二千人夜間襲擊呂昂，企圖扭轉戰局。呂昂與馮世基合兵大敗陳軍，斬徐璒於陣。於是隋軍進佔廣州，又平定嶺南各郡，終於統一了南方各地，結束了自東晉十六國以來二七○餘年南北長期分裂、動盪的局面。在隋朝統一江南的過程中，江西地區的抵抗相對說來比較持久、堅決，延緩了隋軍南進的步伐。這種抵抗自然不能簡單地用逆歷史潮流來評判，站在南方的角度，它自有其一定的合理性。

二 行政江西

　　覆滅陳朝後，隋文帝為解決長期以來分裂割據造成的消極影響，穩定統一大局，曾對江南進行戰後安撫，實行懲治陳朝佞臣、貪官污吏，不進行北方「大貌索閱」式的人口清查，接納江南地方勢力，減免江南賦稅等政策措施，取得了良好的效果。加上廣大江南人民感於長期分裂的痛苦與對統一的擁護，對隋行政江南表示接受，一時江南相對平靜。然而，隋政權惑於統一江南的順利，急於徹底解決江南的士族和地方勢力，以強化中央集權，在撫定江南不久之後即採取了征服色彩濃厚的高壓政策，引起了江南社會的普遍反抗。開皇十年（590 年）三月，文帝任命第三子秦王楊俊為揚州總管四十四州諸軍事。築江都新城，將六

朝故都建康城夷為平地。四月，文帝發布詔書，令吳越之野的
「戎旅軍器，皆宜停置」，「人間甲仗，悉皆除毀」[2]。為加強控
制，在江南置八個總管府，任關隴人士為總管。陳境原有郡縣進
行省並，地方官一律改委北人。又令「江表依內州責戶籍」，對
鄉里基層組織也按北方的編制進行整頓，迫使「江南士人悉播遷
入京師」[3]。這些措施在統一江南後的短時期內嚴厲推行，表現
出十分明顯的「關中本位」意圖。《資治通鑒》卷一七七載：「江
表自東晉以來，刑法疏緩，世族凌駕寒門。平陳之後，牧民者盡
變更之。蘇威複作《五教》，使民無長幼悉誦之，士民嗟怨。民
間複訛言隋欲徙之入關，遠近驚駭。」江南地方豪強和士族本不
滿失去了昔日的權勢，又怨恨于隋政權「高壓」，於是自開皇十
年十一月起，紛紛起兵反隋。如婺州汪文進、越州高智慧、蘇州
沈玄憎，「皆舉兵反，自稱天子，署置百官」。原陳朝各地的士
族和地主豪強，紛紛響應。他們大者有眾數萬，小者也有數千。
這時，在江西則有饒州吳世華（或吳代華）起兵。吳與各地反隋
力量一樣，也自稱大都督，進攻附近州縣，聲勢非小。由於這些
起兵反叛的江南巨家大室各自為政，不能組織成一個統一的軍政
體系，雖然擁有眾多兵力，且作戰堅決，但綜合力量卻並不強。
隋文帝派重臣楊素領軍討伐，很快地鎮壓了這些武裝反抗，徹底
擊潰了陳朝的殘餘力量，全面瓦解了南方士族勢力與地方豪強。

2　《隋書》卷二《高祖紀下》。
3　《隋書》卷二十一《天文志》。

同時，隋朝也吸取教訓，採取有利於江南穩定的一些政策、措施。因此江南社會逐漸趨於穩定，政治、經濟、文化發展開始步上正軌。

　　隋朝統一江南以後行政南方的政策與措施，給江西地區也帶來了深刻的影響。隋軍事佔領江西後，即開始確立對江西的統治秩序。六朝以來，江西社會秩序相對穩定，軍事、政治地位日漸上升，經濟、文化有了穩定的發展，區域力量與秦漢相較有了較大的提高。特別是，江西地區的經濟開發在江南處於中下地位，許多優勢尚沒有完全發揮，自我發展的潛力還相當大。因此江西儘管並不反對統一，對新興的隋朝統治卻也並不十分認同。另一方面，江西政治、經濟、文化在隋政權中尚不處於重要地位，但它作為統一政權的部分，特別是控扼嶺南的作用顯著，隋皇朝遂不斷強化江西的統治秩序，建立和調整治新的統治機構。

　　隋平陳後，全國統一命州，因傳說的洪崖所在，改豫章郡為洪州，置洪州總管府。這是江西設立軍政統一管理體制的總管府的開始，也是江南地區八大總管府之一，說明隋皇朝對江西軍事、政治的重視。據正史所見，隋統治江西期間有四位洪州總管。第一位是豆盧通。《隋書·豆盧勣傳附豆盧通傳》載：開皇初，隋文帝任命「弘厚有器局」的著名將領、妹夫豆盧通

· 《蘇孝慈墓誌》記蘇氏在江西的任職

任洪州總管,「所在之職,並稱寬惠」。第二位是杜彥。《隋書·
杜彥傳》載:開皇十一年(591年)七月,以柱國杜彥為洪州總
管。杜彥「性勇果,善騎射」、「曉習軍旅」,曾參與平定南方高
智慧,因功拜洪州總管,「甚有治名」。第三位是郭衍。《隋書·
郭衍傳》:開皇十八年(598年)四月,以蔣州刺史郭衍為洪州
總管。郭衍長於軍事與計謀,深得鎮撫江南的晉王楊廣的喜愛。
時太子楊勇日漸失寵,楊廣陰謀取而代之,便以郭衍為心腹,共
謀奪宗大計。此後,郭衍頻繁來往于洪州和揚州之間,與楊廣過
從甚密。為了策應楊廣,郭衍還征洪州「大修甲仗,陰養士
卒」,暗中積聚武裝。成為楊廣在皇位繼承人之爭中取勝的重要
支持力量。第四位是蘇孝慈。《隋書·蘇孝慈傳》載:仁壽元年
(601年)四月,淅州刺史蘇孝慈遷洪州總管,「有惠政」。可惜
上任兩個月即去世。隋文帝選擇洪州總管的標準,主要是長於軍
事的將領,表明其以軍事手段壓制江西的政治意圖,以利於穩定
統一之初的江西地區。值得注意的是,這些洪州總管,除了軍事
能力突出外,行政能力也相當出色。他們並不單純以武力壓制江
西,而是以寬惠為能,以使長期脫離中原皇朝統治的江西地區能
誠心附從隋政權。隋政權這種總管制,無疑極有利於鞏固對江西
地區的統治以及維護江西地區的穩定與發展。

在軍事管制的同時,隋統治者根據江西的政治、經濟、文
化、地理等情形,著力整頓江西的行政區劃,使其更利於隋政權
的統治(詳見第二章第一節)。值得注意的是,隋政權選擇任職
於江西各州的刺史,也是軍政能力俱佳的人物。以饒州地方的刺
史為例。軍事與行政能力俱佳的侯莫陳穎,平陳之後,即被任命

為饒州刺史，可惜沒有正式上任，即被調往他州。饒州吳世華起兵，或許與隋朝沒有在當地建立起行政機構有關。當江南反叛一平息後，開皇十一年，隋文帝即任命文武兼長「雅達政事」的柳莊為饒州刺史，柳莊在饒州「甚有治名」，數年後死於任上[4]。以「弘雅」著稱的梁文謙，在隋煬帝即位時，任饒州刺史。一年多後，「為鄱陽太守，稱為天下之最」[5]。大業初年，隋煬帝廢除了軍事管制色彩濃厚的洪州總管府，表明隋政權對江西地區的統治已步入了正軌。

六朝以來，江西豪強日漸崛起，梁陳之際已成為影響南方政局的重大勢力，雖經各政權的不斷削弱，但上升的趨勢不可遏止。隋朝統治江西後，江西的地方勢力仍有相當的力量。因此，隋皇朝面臨著如何治理本區豪強的現實問題。就目前史料而言，反映隋皇朝整治江西豪強的直接史實難見，但據一些事實，也大致可推測隋對江西豪強整治的情形。一方面，隋朝大力拉攏江西地方豪強。大業末年操師乞起兵鄱陽反隋時，略諳軍事頗精武藝的鄱陽豪強袁贇，曾聚民保守鄱陽永南舊城，斬獲甚多。袁贇行為或是為了自己和地方的利益而自保，但他在隋統治風雨飄搖時堅決支持政府平亂，正說明隋攏絡江西地方豪強的政策取得了一定的效果。另一方面，隋朝將有影響的江西人士調離本土。在表示新朝任人地無南北之分，對江西人物的重視的同時，也在一定

4　《北史》卷七十《柳莊傳》。
5　《隋書》卷七十三《梁彥光傳》。

程度上削弱江西地方勢力。如前述陳朝著名水軍將領潯陽人周羅睺受到隋政權的重用，以後隋能在江西地區徵調不少船隻、水夫出征高麗，與此或不無關係。又如建昌（今永修）人凌恭，潛心力學，精通五經，被隋煬帝召為學士。

宗教是隋統治者穩定南方的重要工具，治理江西地區尤見其作為。一是江西地區在六朝的基礎上寺廟、道觀得到了一定的增長；二是政府默許諸多高僧、高道活動於江西（詳見第五章）。第十代天師張子祥，初仕隋任洛陽令，後棄官掌教事。這說明隋政權對宗教人士或為政或從事宗教活動都予以尊重。隋煬帝統治時期，當廣東梁尚慧為首的造反隊伍進入江西，圍攻吉州城時，高僧道信率領徒眾護衛吉州城，終使圍解；當林士弘起義反隋，控制江州，當時已活動於廬山十年的道信卻出走黃梅，在某種意義上表示抗議。這些事實從一定程度上反映出宗教已是穩定江西地方社會的重要力量。

由於隋朝對江西實行關中本位政策，以軍事、政治控制為主，除了改置州（郡）縣行政系統外，經濟、文化方面並沒有多大的建樹。其中最主要的原因，當是隋朝統一局面維持時間不長，在江西地區的統治時間更短。隋以穩定江西為首要，因而先著手進行行政機構與制度的建設，而經濟、文化方面的建設尚沒有來得及展開。然而，隋政權統一帶來的南北政治經濟文化發展以及安定的社會環境，對本區帶來了積極影響與作用則是主要的。從此，江西不僅在政治上與中原政權密切結合在一起，經濟、文化也步上了發展的快車道。

三　林士弘據豫章

隋朝統一以來，統治者曾勵精圖治，經濟文化穩定而快速發展，開創了中國封建社會又一個國力強盛的局面。然而，隨著社會財富的劇增，地主階級的剝削與日俱增，統治階層好大喜功、窮奢極欲的作風也愈演愈烈。隋文帝統治時，在「開皇之治」的背後，已潛藏著嚴重的統治危機。隋煬帝「恃其富強，不虞後患。驅天下以從欲，罄萬物而自奉」，對內大興土木，對外窮兵黷武，「徭役無時，干戈不揖」**6**。民不堪命，社會矛盾尖銳激化。

隋煬帝大業七年（611 年），王薄在長白山（治今山東章丘市）首舉義旗，揭開了隋末農民戰爭的序幕。在王薄的號召下，人民紛紛響應，相繼出現了許多支起義軍。據不完全統計，全國各地有大小起義隊伍一二〇多支，眾達百萬之多。擁有十萬人以上的起義軍就有一二十支。在全國民變風起雲湧之時，江西境內也爆發一些農民起義，如大業十二年（616 年），高安人應智頊屯兵華林寨起兵反隋，直至隋亡。在這些起義中，以操師乞、林士弘領導的農民起義影響最大。

大業十二年（616 年）十一月，鄱陽人操師乞因對隋統治極端不滿，在家鄉起義反隋，集合萬人隊伍攻佔鄱陽郡城，自稱「元興王」，建元「始興」（一說「天成」）。隨後，起義軍又攻下了浮梁、彭澤等鄰縣。緊接著，趁隋軍不備攻佔了豫章城（南

昌）。在豫章，操師乞任命謀略武勇出眾的同鄉林士弘為大將軍，並確定以豫章為據點，逐漸向江南各地擴展。起義軍勢力的擴大，引起了隋煬帝的恐懼，立即派遣有豐富軍事經驗的治書侍御史劉子翊領兵前來鎮壓。起義軍與隋軍展開了激烈的戰鬥，作戰中，操師乞不幸中箭身亡。起義軍失去領袖，軍心大亂，節節敗退。生死存亡之際，林士弘挺身而出，率領義軍退出南昌，利用義軍長於水戰的優勢，與隋軍周旋於彭蠡湖（鄱陽湖），尋機大敗隋軍，殺死了其統帥劉子翊。彭蠡湖一戰，起義軍士氣大振，附近各地民眾紛紛前來參軍，隊伍很快發展到了十多萬人。隨著力量的強大，林士弘制定向江西全境發展的新戰略。大業十三年（617 年）初，起義軍攻佔了虔州，林士弘自稱皇帝，國號「楚」，建元太平，以王戎為司空。不久，隋侍御史鄭大節獻出九江郡投降義軍。繼之，起義軍又攻陷臨川、廬陵、南康、宜春等郡。起義軍的聲勢越來越大，各地郡縣人民紛紛爭相殺死隋守令，以郡縣響應林士弘領導的義軍。於是，起義軍在很短的時間內，便控制了北起九江，南至番禺（治今廣州市）的廣大地區。

然而，林士弘的強勢並未維持多久，因為起義軍內部因權力之爭發生了分裂。兗州方輿（今山東魚台縣西）人張善安，原率領百餘人，流動於淮南地區。大業十年（614 年），江淮地區孟讓領導的農民起義軍，被隋將王世充打敗，其散部八百餘人歸附張善安。後來，張善安領軍襲破廬江郡（治今合肥市），渡長江投奔了林士弘領導的起義軍，但林士弘不信任他，令其紮營於南塘（今南昌市南）。張善安極為不滿，於大業十三年（617 年）十二月，襲擊了林士弘，焚其城郭，佔領了豫章部分地區。林士

弘尚據有南昌、虔州和廣東循、潮二州等地，其他地方的一些散兵游勇也前來投奔，聲勢略為複振。

在農民起義浪潮的衝擊下，隋統治集團內部的矛盾鬥爭也愈加激烈。一些貴族官僚，目睹隋朝政權已成土崩瓦解之勢，紛紛起兵，或兼併或割據，隨時窺伺時機，爭奪政權。南朝蕭梁子孫蕭銑率領的地主武裝，就是其中比較有影響的一支。大業十三年十月，蕭銑得巴陵（治今湖南岳陽）校尉董景珍之助，佔據了巴陵，稱梁王，略有兩湖之地，勢力達江西九江。因為豫章在地理形勢、軍事經濟利益上影響兩湖，蕭銑遂謀劃取豫章。十二月，緊接著張善安分裂林士弘領導的起義軍之後，蕭銑派大將蘇胡兒攻克豫章。林士弘兵敗，勢力大減，不得不退保餘干，避其鋒芒以存實力。為擺脫困境，次年四月，林士弘派人招撫交趾太守丘和，遭拒絕；又派部隊進攻始安郡，也無成。林士弘在豫章一帶的勢力基本結束。

「長江中游的林士弘起義，規模也不算小，但大約不是由於階級矛盾特別尖銳造成的，而是與隋政權的鞭長莫及有關，所以這次起義佔領的地區並不算小，而在整個階級鬥爭的大場面中，影響卻不大。」[7]然而，在江西農民鬥爭史上，林士弘是繼秦末吳芮之後又一位著名的農民起義軍領袖，林士弘起義是江西古代歷史上影響最大的一次起義。

7　胡如雷：《關於隋末農民起義的若干問題》，載《隋唐五代社會經濟史論稿》，中國社會科學出版社一九九六年版。

第二節 ▶ 唐朝江西政治與軍事

隨著唐朝相對開明政治的展開、大一統的強固與社會經濟文化的繁榮昌盛，江西地區的政治、經濟、文化生態在隋的基礎得到了進一步的改良。江西的地理與經濟地位的日漸重要，密切了本區與唐皇朝的關係，成為維護中央集權的有力保障。另一方面，由於唐中期以來，江西成為皇朝財賦重點搜括的地區，民眾負擔日趨沉重，反抗也日漸增多。

一 統一江西

大業十三年（617 年）六月，隋太原留守李淵趁天下瓜分豆剖之機，舉精兵三萬於太原起兵，並於十一月迅速佔領隋統治中心區域關中，被農民起義浪潮席捲的隋政權終於土崩瓦解。翌年五月，李淵（唐高祖）長安稱帝，建立唐朝，改元武德。唐建立後，李氏集團即以關中為根據地，逐步鎮壓各地的農民起義軍和消滅地主武裝割據，進行統一全國的戰爭。

武德四年（621 年），唐高祖令趙郡王李孝恭和大將李靖領大軍，平定兩湖蕭銑勢力，江西因之門戶洞開。次年三月，驅除蕭銑勢力佔據豫章的張善安以洪、虔、吉等五州降唐，拜洪州總管。得此有利形勢，唐軍鋒芒遂直指一直局促贛南的林士弘。

武德元年（618 年）以來，林士弘企圖利用贛南與嶺南相接的地理形勢，聯絡嶺南的力量以壯勢力，但一直無大成效。武德四年蕭銑敗後，其部離散，由於林士弘平日愛惜士卒，忠實于農民的利益，這些散兵多歸林士弘，軍勢稍稍振作。值唐荊州總管李孝恭進行招撫，林予以拒絕。但唐隨後不斷加大策反力度，林

部軍心浮動，力量不斷削弱。武德五年（622 年）十月，林士弘為挽救危勢，派其弟鄱陽王林藥師率兵兩萬攻打循州，意圖穩定南方，再圖進取。此前，唐政權已專門派員招降嶺南循、潮二州以嶺南俚帥楊世略為首的各種勢力，確立了唐在當地的統治。當林藥師發動攻擊時，反被楊世略所領唐軍大敗。林藥師被斬，所領隊伍潰逃，將領王戎以南昌偽降唐，被拜為南昌州刺史。林士弘的力量受到嚴重的削弱，求降不成，不得不退保安成（今安福東南）山洞，在王戎的掩護下收集舊部，圖謀東山再起，當時有不少袁州民眾相聚回應。洪州總管張善安密知其事，發兵征討，擊破之，俘獲王戎。林士弘不久染病身亡，部下群龍無首，各自離散。這支活躍了六年之久的農民起義隊伍最終在唐統治者的鎮壓下失敗。

　　江西的局勢並沒有因林士弘義軍的覆滅而從此得到安定。武德六年（623 年）二月，前洪州總管張善安因不滿唐政權對他的種種限制與歧視，起兵反抗。唐廷立即遣舒州總管張鎮周等領兵擊之。四月，張善安陷孫州（所治大致為今南昌縣區域），執總管王戎而去，給唐政權造成了一定的震動。八月，原降唐的隋末江淮義軍首領輔公祏又起兵反唐，稱帝於丹陽（今江蘇丹陽），建國號「宋」，署置百官，大修兵甲，轉漕軍糧。張善安據豫章地舉兵相應，公祏以張為西南道大行台，共抗唐兵。十一月，黃州總管周法明將兵擊輔公祏，張善安據夏口抵禦，並遣刺客數人襲殺周，在一定程度上減輕了輔公祏的軍事壓力。十二月初，唐遣安撫使李大亮攻擊張善安。李將張誘擒，並敗其部眾。其後，李大亮送張善安于長安，張自稱不與輔公祏交通，得高祖李淵之

善遇。及次年三月輔公祏敗，唐軍搜得張善安數與其聯合反唐的書信，遂被誅。唐朝平定了張善安的叛亂後，正式完成了對江西地區的統一，全國大一統的局面不久也形成。

二　吏政與治績

唐統一江西後，在繼承改革隋政的基礎上，逐步完善了江西的州縣行政管理體系，強化政治、軍事控制，積極發展經濟文化，江西從此進入一個新的歷史發展時期。唐政權在江西的統治及其效果，主要通過其官僚在江西的政治活動體現出來。為了敘述簡明，我們選擇一些各級長官作為考察物件。

觀察使是唐朝地方最高軍政長官，任職于江西的觀察使，大都有政績可言。如豫章王李𪩘，「治江州，有美政」[8]；鮑防任江西觀察使等職時，「皆有政聲」；殷侑任江西觀察使時，「以潔廉著稱」[9]；李皋任江西節度使時，平定淮西李希烈的反叛立有大功。當然，政績最為傑出的要數中唐良吏韋丹。韋丹（753-810年），字文明，陝西西安人。韋丹早孤，從外祖父顏真卿學，頗得才識。唐順宗時被太子以殿中侍御史召為舍人。新羅國君逝世，韋丹詔拜司封郎中，出使新羅弔唁。後調任容州刺史，教民耕織，種茶麥，興學校，廉潔奉公，嚴吏治，升為河南少尹，義成軍司馬，劍南東川節度使，晉慈隰州觀察使，封咸陽郡公。唐

8　《新唐書》卷七十九《舒王元名傳》。

9　《舊唐書》卷一四六《鮑防傳》，卷一六五《殷侑傳》。

憲宗元和二年（807年）遷江南西道觀察使。韋丹行政江西，致力於社會經濟文化的發展。一是精簡行政，減輕百姓負擔。《新唐書·韋丹傳》載：「（韋）丹計口受俸，委餘於官，罷八州冗食者，收其財。」二是興修水利，發展經濟生產。杜牧《韋丹遺愛碑》云：韋丹「派湖入江，節以斗門，以走暴漲。辟開廣衢，南北七里，蕩潒汙壅。築堤三尺，長十二里，堤成明年，江與堤平。鑿六百陂塘，灌田一萬頃」。其中，經過清汙、植柳等治理後的東湖，成為著名的風景湖，湖堤號「萬柳堤」及「黃金堤」，杜牧曾贊其為「十頃平湖柳堤合，岸秋蘭芷綠纖纖」¹⁰。與此同時，韋丹「益勸桑苧，機織廣狹，俗所未習，教勸成之」。三是改善民居。長期以來，洪州城內外居民多以茅竹為屋，火災多發。韋丹於是教人民燒瓦伐木，建造瓦屋。《新唐書》本傳載：「（韋）丹召工教為陶，聚材於場，度其費為估，不取贏利。人能為屋者，受材瓦於官，免半賦，徐取其償；逃未複者，官為為之；貧不能者，畀以財。身往勸督。」不到兩年時間，洪州城就為瓦屋一萬四千間，樓四千二百座。四是修繕洪州城，拓建街道、市場等。《新唐書》本傳載，韋丹在洪州城內，「置南北市，為營以舍軍。歲中旱，募人就功，厚與直，給其食。為衢南北夾兩營，東西七里」。通過這些措施，南昌的城區建設有了很大的改觀。值得注意的是，韋丹在以上的大規模的建設中，憐惜民力，眷顧百姓，又利用夏秋乾旱時以工代賑，使官

---

10 《樊川文集》卷四《懷鐘陵舊遊四首》。

民各得其所。時人元稹曾作《茅舍》詩曰：「惜其心太亟，作役無容暇。台觀亦已多，工徒稍冤吒。」對韋丹在江西的行政提出批評，其實並不符合實際。此外，韋丹在江西還有「以廢倉為新廳，馬息不死」的良政，以及妥善處理了管理糧食的權吏貪污三千斛官糧的案子[11]。

宋人計有功的《唐詩紀事》載，韋丹為江西觀察使時，與東林寺僧靈澈為忘形之友，曾作思歸隱退的絕句寄之，詩曰：「王事紛紛無暇日，浮生冉冉只如雲。已為平子歸休計，五老峰前必共聞。」韋丹本是位勤政愛民的循良官吏，是儒家政治文化的忠實踐行者，卻也深感官宦生活為浮雲，官場鬥爭激烈。事實證明，韋丹結果因黑暗險惡的政壇宦途送了命。一個違令當處死罪的吏卒，上書誣告韋丹不遵朝廷法令，元和五年（810 年）韋丹被罷職，未及辯白含冤而死。韋丹晚年的悲劇，反映了唐後期政治的混亂與專制政權的本色。然由於韋丹功德江西，深受本區民眾愛戴，也得到官僚階層的敬重。大和五年至七年（831-833 年）擔任江西觀察使的裴誼，仰慕韋丹功績，上書請為韋丹立祠和刻石紀功，沒有成功。後來唐宣宗在大中三年（849 年）正月讀《元和實錄》，看到韋丹突出的政績不禁感動，一日延英殿上，遂問諸宰相：「元和時治民孰第一？」周墀答曰：「臣守江西，悉韋丹有功德，身後已四十年，當地老幼思之不忘。」同朝宰相白敏中、馬植也同意周墀所說。宣宗於是詔令為韋丹立碑銘功，

11 《新唐書》卷一九七《韋丹傳》。

命江西觀察使紇幹皋將韋丹資料呈進，同時令杜牧據此撰寫《韋丹遺愛碑》以宣揚其事蹟。

　　唐穆宗時，江西觀察使王仲舒也頗有作為。據《新唐書‧王仲舒傳》，「初，江西榷酒，利多佗州十八；民私釀，歲抵死不絕；谷數斛，易鬥酒」，王仲舒到任後「罷酤錢九十萬」。又「吏坐失官息錢三十萬，悉產不能償，仲舒焚簿書，脫械不問」。當「水旱，民賦不入」時，王仲舒「為出錢二千萬代之」。王鐘舒還在江西破除迷信，移風易俗，「有為佛老法，興浮屠祠屋者，皆驅出境」。《唐國史補》卷中：韋山甫，以石流黃濟人嗜欲，故其術大行，多有暴風死者，其徒言：「山甫與陶貞白，同壇受籙。」以為神仙之儔。長慶二年，卒於餘干。江西觀察使王仲舒遍告人曰：「山甫老而病死，死而速朽，無小異於人者。」王仲舒的這些治績，無疑有利於減輕江西地區人民的沉重負擔，緩和社會矛盾，促進本區的經濟發展。

　　州郡是封建國家統治地方的最重要一級政府。唐代刺史（太守）的職責包括「掌清肅邦畿、考核官吏、宣佈德化、撫和齊人、勸課農桑、教諭五教」[12]。可見刺史官職之重要，誠如唐太宗所言：「雖文武百僚，各有所司，然治人之本，莫如刺史最重也。」[13]任職於江西地方的刺史大都能盡心盡責，不負皇朝之托。江西各州郡都有不少賢能刺史留下的事蹟。

12　《唐六典》卷三十《三府督護州縣官吏》。
13　《唐會要》卷六十八《刺史上》。

撫州在江西是發展得比較好的地方。唐朝後期時人評價說：「臨川自古為奧壤，號曰名區。翳野農桑，俯津闤闠。北接江湖之脈，賈貨毗肩；南沖嶺喬之支，豪華接袂」[14]，其地「周巡六百里。林奇穀秀，則鶴嶺、牛山無以加；水繞川環，則洞庭陂澤不足比。人繁土沃，桑耕有秋，學富文清，取捨無誤。既狀周道，兼貫魯風，萬戶魚鱗，實謂名郡」[15]。撫州在唐代的發展，與任職於該州的一系列刺史的前後努力分不開。安史之亂期間和戰後，撫州刺史多名流，如王縉、劉秩、張鎬、顏真卿、杜佑、戴叔倫、李渤等，他們均對撫州的經濟文化建設作出了非常積極的貢獻。以杜佑為例，約大曆十三年（778 年），他出任撫州刺史[16]，在約一年的任期內，即取得了不少的政績。其刺撫州事蹟，權德輿《杜公淮南遺愛碑》曰：「其牧臨川也，地參閩蜑，人本輕惰，化彼遊手，敏于農功，堅舊防而時其蓄泄，當大旱而我有雲雨。每歲徵令歸諸有司，克變輸將之勤，不虧公上之入。因獲贏利，悉稠困窮。」可以看出，杜佑在撫州一手抓農田水利，一手抓賦稅征繳，既注意勸農增加編戶、化俗濟窮，又注意征輸、「不虧公上之入」，可謂治理有方。其中的「堅舊防」，當指自大曆以來，顏真卿刺撫時開始興修的一項水利工程。杜佑繼顏真卿之後又有所建樹，收到了「當大旱而我有雲雨」的成效。

14　《全唐文》卷八一九張保和《撫州羅城記》。
15　《全唐文》卷八一九刁尚能《新創撫州南城羅城記》。
16　郁賢皓：《唐刺史考全編》之《江南西道・撫州刺史》。

杜佑離任撫州，曾得地方吏民申請並由皇帝批准為之建立去思碑、遺愛碑，可見其在職政績優異，深得地方感戴和朝廷嘉許。又如戴叔倫於貞元初刺撫，政績亦頗佳。除了因「民歲爭溉灌，為作均水法」之外，又大力治水，提倡農桑，使當地「耕餉歲廣」[17]，史稱「清明仁

· 杜牧像

恕，多省費方略，蜀郡崇儒之化，南陽均水之法，精力區處，民以便安，田壤耕辟，獄犴清靜」[18]。當地百姓因命一湖為「戴湖」，以志懷念。

　　江州地區經濟發達，但賦役歷來沉重，水旱災害也比較頻繁。因此，任職于當地的官吏除了積極從事生產之外，還為民請命，以求減輕民眾負擔。武周名臣狄仁傑擔任宰相時，因捲入統治階級內部的矛盾紛爭，被酷吏來俊臣誣陷下獄，僥倖未死，長壽元年（692 年）貶為彭澤縣令。狄仁傑並未從此消沉，而是一如既往地關心民間疾苦。是年彭澤一帶發生了多年未見的大旱災。當地百姓無法生產，「全無米粒」，靠食野菜草根度日。狄憂民疾苦，遂上疏朝廷：彭澤地狹山峻而田少，百姓每戶耕種之田不過十畝五畝，在正常年份縱然豐熟，繳納賦稅之後，所剩稻

17　《新唐書》卷一四三《戴叔倫傳》。
18　《全唐文》卷五〇二權德輿《戴叔倫墓誌銘》。

米只夠食用半年。今年粒米未收，將何以活命？自春至夏，多饑餓而死者，檢視簿籍，戶口已少大半，鄉里之間多有絕戶者[19]。請求朝廷免去彭澤等九縣全年租稅，使百姓喘息。武則天讚賞狄之仁心，下令江州蠲免彭澤縣租稅。狄仁傑一面開倉放糧，賑濟災民，一面督促百姓生產自救，使大批百姓免于因饑餓而死。狄仁傑在彭澤充任縣令數年期間，大力發展生產，貯糧防災，同時還革新吏治，勤政愛民，深為當地人民所擁戴。百姓為感謝狄的恩德，自發地行動起來，為他建造了生祠。唐朝末年，詩人皮日休游江南過彭澤時，還聽到當地百姓傳頌著狄仁傑的事蹟，看到他的祠堂香火不絕。

穆宗長慶元年（821年），李渤任江州刺史時，朝廷下令「征久遠逋懸」，江州要征貞元二年（786年）以來「逃戶所欠錢」，即是要現在人戶交納三十六年來逃亡戶名下積欠的賦稅。江州刺史李渤上疏：「伏奉詔敕雲，度支使所奏，令臣設計征填當州貞元二年逃戶所欠錢四千四百一十貫。臣當州管田二千一百九十七頃，今已旱死一千九百頃有餘。若更勒徇度支使所為，必懼史官書陛下于大旱中征三十六年前逋懸。臣任刺史……不忍鞭笞黎庶，不敢輕持符印，特乞放臣歸田。」乃下詔曰：江州……所訴逋欠並放。」[20]因李渤懇切陳情，穆宗為求死後仍有人歌頌，怕留下貪暴之名，將實際上不可能征得賦稅放免。此外，李渤還因

19　《全唐文》一六九狄仁傑《乞免民租疏》。
20　《舊唐書》卷一七一《李渤傳》。

· 紀念李勃的甘棠湖

地制宜地進行經濟建設。當時，江州治署城南有一南湖，面積約
一千二百畝，東抵北風嘴，西連龍開河，南接山川嶺，北依潯陽
城。由於湖面寬闊，南來北往行人諸多不便。李渤為了方便行
人，遂糾工在湖中築堤。堤長七百步（約二裡），南連山川嶺，
北接城池的南門口，溝通南北，往來稱便。堤上還建橋安閘，控
制和調節水位，兼有灌溉農田之利。後人為感謝這位刺史，將新
建的堤命名李公堤，外湖名甘棠湖，橋名思賢橋。

　　袁州因山多地少，地勢閉塞，經濟文化一直較為落後。唐建
立特別是安史之亂後，袁州出現了開發盛況。唐代宗時，閻伯嶼
任袁州刺史，時該州因征役繁重，經濟殘破，「伯嶼專以惠化招
撫，逃亡皆複，鄰境慕德，繈負而來，數年之間，漁商闐湊，州
境大理，及移撫州，閣州思戀，百姓率而隨之⋯⋯到職一年，撫
州複如袁州之盛」[21]。逃往鄰境的貧民自然仍以墾作為生，地方

第一章・政治經營與軍事鬥爭

長吏招撫得宜，吸引了流民歸複，很有助社會安定和生產發展。

元和十四年（819 年）正月，韓愈因上《論佛骨表》，觸怒佞佛的憲宗，被貶潮州，十月量移袁州。約九個月後，便調回京師任國子監祭酒、兵部侍郎。韓愈剌袁州日短，在經濟文化建設方面卻有不少作為。韓愈至袁州時，正值袁州大旱，遂頻頻祭神。在祭城隍文中，韓氏宣稱：「剌史無行，無以媚於神祇；天降之罰，以久不雨，苗且盡死，剌史雖得罪，百姓何辜？宜降疾咎於某躬身，無令鰥寡蒙滋濫罰。」在祭仰山文中，韓也屢屢祈求「宜被疾殃其身」。這當然是迷信，但正因為迷信，韓愈之肯於以自身的疾咎來換取百姓的豐衣足食，表明他是有濃厚的民本思想和關心民眾疾苦的。韓愈在袁州最有影響的政績是釋放奴婢。唐代奴婢為賤人階層，「律比畜產」無人身自由，強烈依附於主人。唐律禁止變良人為奴婢，但「袁州之俗，男女隸於人者，逾約則沒入出錢之家」，韓愈下車伊始，即「設法贖其所沒男女，歸其父母者，仍削其俗法，不許隸人」**22**。韓愈後來在上奏朝廷的《應所在典貼良人男女等狀》稱：「右准律不許典貼良人男女作奴婢驅使，臣往任袁州刺史日，檢責州界內得七百三十一人，並是良人男女，准律計傭折直，一時放免。原其本末，或因水旱不熟，或因公私債負，遂使典貼，漸以成風，名目雖殊，奴婢不別，鞭笞役使，至死乃休，既乖律文，實虧政理，袁州至

22　《舊唐書》卷一六〇《韓愈傳》。

小，尚有七百餘人，天下諸州，其數固當不少。」[23]韓愈「計傭折直」釋放奴婢的做法，在一定程度上解放了生產力，擴大了國家編戶人口，增加了財政稅收和勞動力，堪稱善政。

僖宗中和元年（881 年），高安人鄧璠自尚書、江西節度使權知袁州，即以「尚書」及「江西節度使」的官階暫代袁州刺史。鄧璠在六年的代任期間，清正廉明，勤於本事而不伐功矜能，崇尚教育而大興學校，百姓樂於從事，人稱有「古循吏之風」。唐僖宗時，各地兵荒馬亂，官吏無能，獨鄧璠政績頗多。尤其是在城北秀江上架起袁州有史

·韓愈像

以來的第一座橋樑，受到朝野交口讚譽。州縣境內驛傳橋津是否葺治，是衡量地方官有無「善政」的標準，故僖宗詔令鄧璠再任袁州刺史，由「權知」改為「正任」。「正任」與「權知」俸祿雖相同，但政治地位要高。皇帝詔令一下，袁州百姓奔相走告，欣喜不禁。袁州處士彭蟾賦《賀鄧璠使君正拜袁州》詩云：「六年惠愛及黎甿，大府論功俟陟明。尺一詔書天上降，二千石祿世間榮。新添畫戟門增峻，舊躡青雲路轉平。更待皇恩醒善政，碧油幢到郡齋迎。」彭蟾原指望鄧璠能得到朝廷的更加重用，無奈

23　《全唐文》卷五四九韓愈《應所在典貼良人男女等狀》。

· 始建於唐元和年間的浮梁古縣衙

此時，唐朝已風雨飄搖，吏政混亂，不久以鎮壓黃巢起義有功的李游接替了鄧璠的袁州刺史職位。

「親民之官，莫過於縣令。」[24]封建社會中，縣是中央直接管轄的基層政府，縣令是治理地方的直接責任人，主管縣內全面政事。唐代縣令的職責，《舊唐書·職官志三》載：「掌導揚風化，撫字黎甿，敦四人（士、農、工、商）之業，崇五土（山林、川澤、丘陵、平原、窪地）之利，養鰥寡，恤孤窮，審察冤屈，躬親獄訟，務知百姓之疾苦。」李遠於會昌二年（842 年）作《送賀著作憑出宰永新序》描述縣令的職責是：教民耕織以養生送死，歲賦其租以供軍國並償吏之值。因而縣令應早作夜止，盡心以理，使訟平賦均，老弱無懷詐暴憎。令之理民要「因其利

24 《唐會要》卷六十九《縣令》。

而役之，則無怨；明文王之政以教之，使知禮讓。則尊君親上，養老慈幼，悉知而勸為善」。在穩定地方、發展地方上，除前述狄仁傑外，江西有許多縣令的作為也頗值得稱許。約至德年間（756-758 年）柳渾任信州永豐縣令時，禁暴除惡，撫育良善，使當地「耕夫複於封疆，商旅交於關市，既富而庶」[25]。會昌年間（841-846 年），洪州建昌縣攝令何易於，曾在縣南築捍水堤，獲防洪、灌溉之利，百姓得利，編歌謠稱頌：「我有父，何易於，昔無儲，今有餘。」就是這位何縣令，後擔任益昌縣令時，當刺史乘舟春遊時，要他徵調農民來拉纖，他就自己來替刺史拉纖。刺史驚問其故，何易於回答他說：農民春耕、育蠶忙，只有我縣令閑著無事，故特來應差。說得刺史滿面慚愧，趕緊逃走了[26]。元和五年（810 年），于季文為洪州武寧縣令，「在官清慎，遏強撫弱，頃歲逋逃者複業數千戶，政聲洋溢」[27]。上引《送賀著作憑出宰永新序》所述的賀憑，在長安時，曾以為永新險遠難治而怏怏不樂，李遠作此文勉勵他，賀憑來到永新，為循吏，深得百姓愛戴，任滿百姓挽留，限於功令，不能續任。當時朝廷宦官專政，牛李黨爭；各地藩鎮割據，民生凋敝。賀憑有感於世道之不得，也不想改任，乾脆辭官，將家安於邑西良坊（今

25　《全唐文》卷五九一柳宗元《銀青光祿大頭右散騎常侍輕車都尉宜城縣開國伯柳公行狀》。

26　此事見《孫可之文媒》卷二《書何易於》、《全唐文》卷七九五、《新唐書》卷一九七《何易於傳》。

27　《唐故洪州都督武寧縣令于府君墓誌銘並序》，見周紹良主編：《唐代幕志彙編》，上消古籍出版社一九九二年版，第 2002 頁。

屬蓮花縣），從此長作永新人。

豪強大族控制或影響地方由來已久，歷代不衰。他們雖然有時能保護地方利益，糾正貪官污吏的不良政治，但總的說來是挑戰國家政治權威，影響地方的社會穩定與經濟文化發展，因此，官吏也把打擊、限制地方豪強作為理政的重要方面。江西吉州是經濟比較發達的地區，面臨著豪強法外權力的干擾。皇甫湜寫的《廬陵縣令廳壁記》記云：張儹為縣令，「彈豪糾黠以沉斷」[28]，說的就是打擊豪強法外權力。柳渾出任信州之永豐縣令，「用重典以威奸暴，鋪大和以惠鰥嫠」；「宰製聽斷，漸於訟息，耕夫複於封疆，商旅交於關市，既庶而富，廉恥興焉。」[29]中唐以來，江西的縣治增長，設置多在原先經濟相對不發達地區。這與縣令的作為是分不開的。

以上這些在江西為政的各級官員，或者發展地方經濟，或者改善社會環境，或者減免租稅剝削，或者禁止貪贓枉法，以及裁減冗員，禁止因債務沒為奴婢，破壞迷信活動等，都是極其有益的工作。唐朝江西的經濟發展，是本區政治、文化發展的基礎，而政治上的這些措施，對經濟發展也起了積極作用。江西唐時農業經濟發展水準有良吏的一份功績。要指出的是，除了政治經濟建設方面，興辦學校、獎掖士子、繁榮文藝等文化建設，也大都

28　《文苑英華》卷八〇五皇甫湜《廬陵縣廳壁記》。
29　《全唐文》卷五九一柳宗元《銀青光祿大夫右散騎常侍輕車都尉官城縣開國伯柳公行狀》。

與為政本區的各級官吏有關。江西地方官積極從事文化建設的事蹟，本書第四章中將專門敘述。任職江西的地方官吏，不管是本地的還是外地的，不管是升遷或平調還是因事故貶謫而來的，他們大都能盡心盡力地為當地的政治經濟文化發展服務。他們關心國計民生，雖然出於對封建政權穩定與鞏固的忠心，甚或出於對自己仕途的考慮，但對江西地區社會的穩定、經濟、文化的崛起與發展，貢獻極大。

　　就唐代而言，江西良吏較多。原因大致如下：一與唐代長期比較清明的政治有關，統治者重視對官吏德能勤績的考察，制度層面上控制得緊。如江西觀察使李少和、嚴譔都因貪贓受到朝廷的嚴厲追究。二與官吏多是通過科舉途徑，深受儒家「仁政」思想的影響有關。有治國、平天下的理想，為官一任，造福一方是他們的基本追求。如一些貶謫江西的官吏，大多是正直且能幹的人才。三與江西在唐朝的政治、經濟地位上升有關。唐前期，江西的政治、經濟地位不高，對任職于江西的官吏並無專門的選擇，甚至把江西作為懲罰犯官的地域。但唐代安史之亂以來，江西政治、經濟地位快速上升，與中央的關係開始密切，唐政府為了強化對江西的統治，中央開始有選擇地任命江西地方官。如大歷年間，常袞《授魏少遊江西觀察使制》云：「眷求良吏，出守雄藩。」常袞《授路嗣恭江西觀察使制》又云：「大江之外，封略曠遠，用達憂勤之旨，屬於親重之臣，授以藩符，建茲戎旃，仍委廉課，俾揚風聲。」即使是貶謫官員至此，也是眷顧成分居多。《舊唐書・袁高傳》載：「自貞元元年，德宗複用吉州長史盧杞為饒州刺史，令高草詔書。……高曰：『赦乃赦其罪，不宜

授刺史。且赦文至優黎民。今饒州大郡，若命奸臣作牧，是一州蒼生，獨受其弊。」江西在元和、長慶時期已是唐王朝的財賦重心之一，對任職江西官吏的選擇尤其重視。如白居易《除裴堪江西觀察使制》稱：「江西七郡，列邑數十。土沃人庶，今之澳區。財賦孔殷，國用所系，茲為重要，宜付長才。」因此選用觀察使要注意其理財的公平性，「夫簡其條章，平其賦役，徇公率正，以臨其人，而人不安，未之有也」。

事物總是一分為二的，在仕宦江西地區的眾多官吏中，也有一些違法亂紀、割剝人民的貪殘官吏，破壞了所治區域經濟文化發展。如唐初建造有名的滕王閣的李元嬰，就是一個隻知花天酒地、平庸奸邪之徒。《新唐書・滕王李元嬰傳》載，李元嬰任洪州都督時，「官屬一妻妾美者，紿為妃召，逼私之，嘗為典簽崔簡妻鄭嫚罵，以履抵元嬰面流血，乃免。元嬰慚，歷旬不視事」。不僅如此，又有其他不法行為，因此被貶斥而去。李兼于貞元元年（785 年）任江西觀察使，「嘗罷南昌卒千餘人，收資廩為『月進』」[30]。這是將一千多士兵名下的糧餉扣留下來，逐月進獻給皇帝。「進奉」皇帝的名義，實為自己撈利，除了討皇帝歡心外，還因為搜括所得錢物，當時的「進奉」往往「十獻其二三耳」，大部分沒入自己的腰包。李兼不僅搞「月進」，還向皇宮進獻高大的銀瓶。以前江西官吏進獻銀瓶最高的有五尺余，李兼「乃進六尺者」。貞元七年（791 年），新上任的洪州刺史、

30　《舊唐書》卷一二三《裴冑傳》。

江西觀察使齊映，因企圖恢復相位，在「進奉」上比李兼有過之而不及。《舊唐書‧齊映傳》載：齊映「乃掊斂貢奉，及大為金銀器以希旨。……因帝誕日，端午，映為瓶高八尺者以獻」。江西百姓的脂膏，成為貪官污吏們拍皇帝馬屁換取高官的本錢。有的官吏為政苛刻，如貞元五年（789年）李巽任江西觀察使，「徇喜怒之情，而無罪被戮者多矣」[31]。這些主管江西全境貪殘官吏的作為，無疑對整個江西地區的社會經濟發展產生極大的危害。此外，一些州縣，在某些時期也因官吏的胡作非為，造成了經濟的衰退、社會的不穩。如唐中後期廬陵地區，號稱：「戶余二萬……材竹鐵石之贍殖，苞筐韠緝之富聚。」然而，任職於當地的諸多官吏貪殘，曾造成「百姓創罷，征賦發斷」的狀況[32]。

三　永王璘事件與江西

　　唐代乃至整個中國古代，江西離政治中心較遠，少與皇朝權力爭鬥之事發生直接連繫，因此安史之亂期間發生的「永王璘事件」，在江西地方史上就顯得特別突出。

　　「漁陽鼙鼓動地來」，天寶十四載（755年），安史之亂爆發驚破了大唐帝國的繁華之夢，也引起了皇朝政治生態的遽劇變化。在安史叛軍的逼迫下，十五載六月，唐玄宗李隆基南逃巴蜀，七月，太子李亨趁機於靈武即帝位（肅宗），改元至德，尊

31　《舊唐書》卷一二三《李巽傳》。
32　《文苑英華》卷八〇五皇甫湜《廬陵縣廳壁記》。

乃父為太上皇。然而唐玄宗卻不甘於皇權旁落，繼續行使著皇帝的權力，形成「二聖」政治格局。玄宗為了阻擋叛軍的凌厲攻勢，同時體現自己的正統權威，採納大臣房琯分諸王分總天下節鎮的建議，頒布《命三王制》，任命永王李璘領山南東道、江南西道、嶺南道、黔中道四道節度度支採訪都使，充江陵大都督，享有充分的軍政自主權，負責保衛和經管長江中部一帶地區。同時任命長沙郡太守李峴為都副太使，充江陵郡大都督府長史兼禦史中丞，以協助永王。永王李璘，系玄宗第十六子，因幼時喪母，為李亨收養，得悉心照顧。玄宗予重權以李璘，大概希望他能在國家危難之際，盡心盡意地幫助乃兄平息叛亂，以重開太平之世。

永王受命以後，至德元載（756 年）七月即趨往襄陽，兩月後抵達江陵。永王在江陵，大力蓄積自己的軍事力量。據《舊唐書・永王璘傳》載，永王「召募將士數萬人，恣情補署，江淮租賦山積於江陵，破用巨億」。若從《命三王制》的規定看，永王在江陵召募、補官、聚財都不屬於擅權妄為。當時任盧陵郡司馬的崔祐甫拒絕永王厚禮相邀，「人聞其事，為之惴惴」[33]，說明永王所憑藉的正是玄宗的詔令。不過，這期間玄宗又頒《停潁王等節度誥》對《命三王制》作了修訂。誥文曰：「潁王、永王、豐王等，朕之諸子，早承訓誨……頃之委任，咸緝方隅。今者皇

33　周紹良主編：《唐代菇志彙編》，上海古籍出版補一九九二年版，第1823頁。

帝即位，親統師旅，兵權大略，宜有統承。庶若網在綱，惟精惟一。穎王以下節度使，並停。其諸道先有節度等副使，便令知事，仍並取皇帝處分。李峴未到江陵，永王且莫離使，待交付兵馬了，永王、豐王並赴皇帝行在。」這一誥文確保了唐肅宗在平叛之中的最高軍事指揮權。但永王對誥文並不理會，依然我行我素。永王手下有薛鏐、李台卿、蔡坰等謀士，或說永王心懷異志，與這些人的鼓動有關。所謂「璘生長深宮，不更人事，子襄城王瑒有勇力，好兵，有薛鏐等為之謀主，以為今天下大亂，唯南方完富，璘握四道兵，封疆數千里，宜據金陵，保有江表，如東晉故事」[34]。其實當時中國並沒有出現「如東晉故事」的政治、軍事形勢，目光短淺而又權力欲膨脹的永王竟以此作為政治謀略。九月，永王在江陵策劃以「東巡」為名經潯陽直奔金陵，意欲控制江南一帶，建立自己的政權。

　　肅宗對永王的擔心正在於此。永王的政治、經濟、軍事等條件都很有優勢，屆時他果能「掃清江漢」，再「救河南」、「更取金陵」、「西入長安」、捷足先登，誰主天下，恐得另見分曉。清人王夫之言：「肅宗若無疾複西京之大勳，孤處西隅，與天下懸隔，海岱、江淮、荊楚、三巴分峙而起，高材捷足，先收平賊之功，區區嫡長之名，未足以彈壓天下也。唯恐功不速收，而日暮倒行，屈媚回紇，縱其蹂踐，但使奏效崇朝，奚遑他恤哉！」[35]

34　《資治通鑒》卷二一九「唐肅宗至德元載十二月」條。
35　《讀通鑒論》卷二十三「唐肅宗五」。

因此，肅宗一面積極部署收復兩京，一面處心積慮地防範永王。他企圖詔令永王「歸覲於蜀」[36]，以消除隱患。但永王野心勃發，根本不聽肅宗的詔令。肅宗遂以強悍勇猛的來瑱領新置的淮西節度使，並由高適以御史大夫、揚州大都督府長史身份督領淮南，與江東節度使韋陟相配合，意在武力威懾永王。

十二月，永王於荊州招募了大量的兵馬之後，率軍沿江東下，軍容甚盛。這次出師是以奉命「東巡」（由東向北迂迴攻擊安、史老巢）的名義，實際上搶奪長江中下游戰略基地。次年正月，永王經過潯陽，得知大詩人李白正隱居廬山，遂派謀士韋子春接二連三地上山聘請李白作幕賓。李白因「王命崇重、辟書三至」而躊躇滿志地辭別夫人應聘下山。臨行前作《別內赴征》詩云：「王命三征去未還，明朝離別出吳關。白玉高樓看不見，相思須上望夫山。」、「出門妻子強牽衣，問我西行幾日歸？歸來倘佩黃金印，莫見蘇秦不下機。」詩文表現出李白與妻子情深義重以及他渴望建功立業的情懷。李白入永王幕府後，寫下了飽含政治熱情的十一首《永王東巡歌》，對永王功業寄予無限期望並作政治宣傳。如：「二帝巡遊俱未回，五陵松柏使人哀。諸侯不救河南地，更喜賢王遠道來。」、「帝寵賢王入楚關，掃清江漢始應還。初從雲夢開朱邸，更取金陵作小山。」、「試錯君王玉馬鞭，指揮戎虜坐瓊筵。南風一掃胡塵靜，西入長安到日邊。」同時李白也以東晉名臣謝安自許，宣稱「但用東山謝安石，為君

36　《舊唐書》卷一〇七《永王璘傳》。

談笑靜胡沙」，表示忠心輔佐永王，平定叛亂。

永王率兵東下時，江南東道採訪使李希言以無上下尊卑之分的平牒詰問永王其行。永王見牒，十分惱怒，遂複李希言：「寡人上皇天屬，皇帝友于，地尊侯王，禮絕僚品，簡書來往，應有常儀，今乃平牒抗威，落筆署字，漢儀隳紊，一至於斯！」[37]緊接著派大將渾惟明向李希言發動攻擊，另派季廣深進攻廣陵的淮南採訪使李成式。肅宗隨即宣布永王謀反，明令平叛。李希言派將軍元景曜和丹徒太守閻敬之抵禦渾惟明，李成式也派將軍李承慶出戰季廣深。然閻敬之不敵被殺，元景曜、李承慶竟向永王繳械投降。形勢危急之際，韋陟與高適、來瑱迅速相會于安州（今湖北安陸），三人登壇結盟，宣誓三軍：「銜國威命，各鎮方隅，糾合三垂，翦除凶慝，好惡同之，無有異志。有渝此盟，墜命亡族。皇天后土，祖宗神明，實鑒斯言。」[38]言辭慷慨激昂，血淚俱下，將士莫不感動。韋陟等立即部署對永王的反擊。李成式聯絡正在廣陵的河北招討判官李銑以小股人馬屯紮於今江蘇儀征市並令屬下判官評事裴茂率廣陵步卒數千人屯守於今江蘇六合東南的瓜步洲，暫時穩住了陣腳。高適臨敵之際，作《未過淮先與將校書》，對永王屬下軍將實行攻心戰，引導他們反正自新，引起強烈的震撼。韋陟更是以其聲望對永王屬下高級將領施加影響，拜永王大將季廣琛為丹陽太守兼禦史中丞、沿江防禦使，成功地

37　《舊唐書》卷一〇七《永王璘傳》。
38　《舊唐書》卷九十二《韋安石傳附陟傳》。

促使季陣前倒戈。接著渾惟明、馮季康也紛紛率部下投降。永王曾派騎兵追趕率軍向廣陵投誠的季廣琛。季勒馬對追兵說：「我感王恩，是以不能決戰，逃而歸國。若逼我，我則不擇地而回戰矣。」[39]當天夜間，駐紮在瓜步洲的裴茂與李銑等令士卒在江北岸點燃火炬以迷惑永王。永王誤以為官軍已經渡江，未加細辨即率兒女及部下撤退，損失慘重。經過這一番折騰，永王自知無法在丹陽立足，遂率眾南下晉陵。官軍得到永王逃跑的情報，從江北齊發南渡，逼追永王南奔至鄱陽。鄱陽郡屬江南西道，照理應聽命於兼領江南西道節度使的永王，守城的郡司馬陶備卻緊閉大門，拒絕其入內。永王惱怒卻無可奈何，在鄱陽城放了一把火後繼續南下餘干，企圖經大庾嶺至嶺南，結果被江西採訪使皇甫侁屬下的兵馬用箭射傷並擒獲，押至洪州而被皇甫侁擅自斬殺，其子則在大庾嶺被亂兵所害。至德二載（757 年）二月，永王之亂終於平息。由於肅宗一向憐愛李璘以及當時政治鬥爭的需要，所以對其死隱而不宣，並宣稱永不啟用皇甫侁，將其餘擅殺者全部斬首，而將李璘子孫全部封為王侯。詩人李白懷著平定叛亂、恢復國家統一的志願，入永王幕府，因此獲罪，被系潯陽獄，不久流放夜郎，步入了生命的低谷。

永王之亂與唐皇權權力鬥爭有關，同時也與永王主政長江中游地區擁有比較雄厚的經濟基礎有關。當時中央集權的政治中心仍在北方，國家的軍事力量也集中在北方，江南人民維護統一，

39 《舊唐書》卷一〇七《永王璘傳》。

永王企圖割據江左建立新的權力中心不論是從社會基礎還是客觀條件都不合時宜，其失敗是必然的。江西在整個永王璘事件中都是堅定地站在中央一邊，對平叛作出了一定的貢獻，同時也維持了本地區的政治穩定、經濟發展。

四 苛政與民變

有唐一代，江西是皇朝統治比較穩定的地區。安史之亂以來，江西在政治上、經濟上、軍事上努力維護中央權威，為風雨飄搖的唐政權仍然維持一五〇年作出了貢獻。但另一方面，江西自安史之亂以來漸成為唐皇朝重要的財賦源地，經濟負擔日趨沉重，加上某些貪殘官吏的橫暴，一些地域民情發生變異，以武裝鬥爭為形式的暴力反抗日漸增多。

安史之亂，使原來作為皇朝經濟重心的北方地區人口銳減、土地荒蕪、城市毀壞，加上某些藩鎮「皆厚自奉養」[40]，「戶版不籍於天府，稅賦不入於朝廷」[41]。皇朝國庫空虛，其財賦收入轉而主要依靠江淮，所謂「當今賦出天下，江南居十九」[42]，「今天下以江淮為國命」[43]。為了解決財政困難，朝廷主要針對江淮地域的各種新賦稅項目接連出現，沉重的封建剝削壓在廣大農民和中小工商業者的身上。《通典》卷十一載：「諸道節度使、觀

40　《舊唐書》卷一一八《楊炎傳》。
41　《舊唐書》卷一四一《田承嗣傳》。
42　《韓昌黎集》卷十九《送陸歙州詩序》。
43　《樊川文集》卷十六《上宰相求杭州啟》。

察使多率稅商賈，以充軍費，或於津濟要路，及市肆間交易之處，計錢至一千以上，皆以分數稅之。自是商旅無早，多失業矣。上元中（761年），敕江淮堰塘商旅牽船過處，准斛納錢，謂之埭程。」建中元年（780年），楊炎兩稅法規定：「不居處而行商者，在所州縣稅三十之一，度所取與居者均。」[44]不久，趙贊又奏請于「諸道津要都會之所，皆置吏，閱商人財貨，計錢每貫稅二十文」，又以設常平倉為由，「天下所出竹木茶漆，皆什一稅之，充常本錢」[45]。隋唐以來，江西農業、手工業快速發展，商業趨於繁榮，此時繁多的稅商名目，無疑又是對其沉重的打擊。如江西是產茶輸茶大區，貞元九年（793年）開始徵收茶稅，已是一層負擔；長慶元年（821年）「茶稅一百，增之五十」，負擔加重了百分之五十[46]。江西的酒稅特別重，比別的地方多收十之八，凡是私自釀造，則被處以死罪。更有某些地方官吏不顧民眾生計，巧取豪奪，如江州農民每年納「牛田錢百萬」，專供刺史「宴飲贈餉」之用。簡言之，在政府沉重賦役與各種苛捐雜稅的壓迫下，江西一些地區民眾不堪重負，怨聲載道，階級矛盾日漸尖銳。

安史之亂主要在黃河流域一帶進行，江淮以南並未直接遭到大的破壞。但是在唐肅宗上元元年至二年間（760-761年），由

44 《舊唐書》卷一一八《楊炎傳》。
45 《唐會要》卷八十四《雜稅》。
46 《唐會要》卷八十四《雜稅》。

於最高統治集團的昏庸無能和地方藩鎮的跋扈專橫，江浙一帶遭受了劉展之亂的大破壞。《資治通鑑》卷二二二「上元二年正月」條記：「安史之亂，兵亂不及江淮，至是（劉展之亂），其民始罹毒矣。」劉長卿自南巴歸蘇州，作《自江西歸至舊任官舍贈袁贊府》詩及劉展亂事，云：「空庭客至逢搖落，舊邑人稀經亂離。」李嘉祐《自常州還江陰》詩述劉展事件後對江南的破壞，云「處處空籬落，江村不忍看」。然而，寶應元年（762 年）初，朝廷負責租庸調的元載卻不顧江淮人民遭受戰亂和災荒的痛苦，「乃按籍舉八年租調之違負及逋逃者，計其大數而征之，擇豪吏為縣令而督之。不問負之有無，資之高下，察民有粟帛者，發徒圍之，籍其所有而中分之，甚者十取八九，謂之白著。有不服者，嚴刑以威之。民有蓄穀十斛者，則重足以斃命。或相聚山澤為群盜，州縣不能制」**47**。有人作歌諷刺曰：「上元官吏務剝削，江淮之人多白著。」元載對江淮一帶的巧取豪奪成為農民起義的導火線。《新唐書‧劉晏傳》末附陳諫的一篇論文，談到袁晁、陳莊、方清、許欽等民變時，說：「初，州縣取富人督漕挽，謂之船頭；主郵遞，謂之捉驛；稅外橫取，謂之白著。人不堪命，皆去為盜賊。」

袁晁原是個小胥吏，官府強迫他去捕捉反抗暴徵的農民。他因同情農民而遭鞭笞，遂舉義旗於浙東明山翁山縣（今舟山島），隨即攻克台州，建立政權，改元「寶勝」（意在壓倒唐政

47　《資治通鑑》卷二二二「唐肅宗寶應元年八月」條。

權的「寶應」年號）。袁晁起義，「民疲於賦斂者多歸之」[48]，聚眾很快達二十萬人，席捲了整個浙東。義軍又進入浙西，並向江西等毗鄰地區發展。義軍攻克信州，江西境內不少農民相隨起義與之呼應。時人云：「間歲，臨海狂頑，覆浙左，陷上饒。灃皖寇徒，殘害長吏，潛逼鐘陵；宜春盜帥，家兵遍山，吏不敢問。」[49]、「潛逼鐘陵」即指義軍威脅洪州南昌。宜春義軍，則利用山區的有利地形，不斷抗擊官軍，使地方官吏難以應付。不過，進入江西境內的浙東農民起義軍，立即遭到江西觀察使張鎬的殘酷鎮壓。史稱：「袁晁狃於會稽之役，侵我東鄙，江介大恐，民斯繹騷。公（張鎬）命左軍屯上饒之隘，塞常山之口，斬其唐突者三千餘人。」[50]義軍在上饒遭受重大損失，不得不退回浙東。由於袁晁起義嚴重威脅了唐皇朝財賦基地，安史之亂又基本被平息，統治者於是從北方戰場上抽調中興名將李光弼率領人馬南下鎮壓。唐大軍渡江後，在地主武裝的積極配合下，猛烈進攻起義軍。廣德元年（763年）春，雙方在台州以北「聯日十余戰」，義軍失利，袁晁被擒犧牲。其後不久，流散的義軍全部被官軍剿滅。隨著袁晁起義軍的最後失敗，與之相關聯的江西民眾暴動也漸歸於沉寂。

　　寶應元年（762年），值袁晁起義之際，江淮地區又有方

48　《資治通鑒》卷二二二「唐肅宗寶應元年八月」條。
49　《全唐文》卷三一四李華《平原公遺德頌》。
50　《全唐文》卷二九〇獨孤及《唐故洪州刺史張公遺愛碑》。

清、陳莊起義。起義同樣是由於江淮遭受疾疫災荒而民生艱難時，唐皇朝仍橫徵暴斂引起的。《新唐書・李棲筠傳》載：「蘇州豪士方清，因歲凶，誘流殍為盜，積數歲，依黟、歙間，阻山自防。」關於這次起義，時人獨孤及曾作文描述：方清等「聚椎剽之徒，謂險遠可恃，作為蛇豕，以薦食勾吳。乃有跨據大江，吞噬東土之計，七州之地，人罷耕織」[51]。《新唐書・李芄傳》云：「宣、饒劇賊方清、陳莊，西絕江路，劫商旅為亂，支黨槃結。」廣德元年（763 年），方清率數萬義軍向宣州進軍，與佔據廣德縣山洞的陳莊義軍勝利會師後，屯兵於宣州秋浦縣的烏石山，直接威脅唐皇朝的長江航運。至永泰元年（765 年），經過兩年的發展，義軍壯大，方清率軍佔領歙州，陳莊部眾連克江西許多州縣，唐將呂太一、武日升相繼向義軍投降，起義軍一舉攻克江北的舒州，一時聲勢大振。與此同時，武康朱潭、常州肖蘭庭、張三霸，宣州王方等也揭竿而起率眾起義，與方清、陳莊遙相呼應，十分活躍。蓬勃而起的農民起義使統治者感到極大危機，思考剿滅義軍的對策。江西觀察使李勉採納判官李芄的建議，「以宣之秋浦、青陽，饒之至德，置池州，扼衿要，使不得合縱」[52]，也就是採取隔斷方清和陳莊的連繫，施展各個擊破的計策。唐廷又派曾鎮壓袁晁起義的李光弼、袁傪前來鎮壓起義軍，在江西觀察使李勉、歙州刺史長孫全緒配合下，向起義軍發

51　《毗陵集》卷四《賀袁傪破賊表》。
52　《新唐書》一四七《李芄傳》。

起猛烈進攻。當地地主武裝也乘機活動，擾亂義軍據守的險要閶門。在正規軍和地主武裝的裡應外合的夾擊下，義軍遭到很大的削弱。大曆元年（766年），方清在石埭城英勇犧牲，陳莊在烏石山投降，起義終於失敗。

宣歙一帶，一些小規模的起義也連綿不斷，寶應元年（762年），舒州人楊昭，殺死刺史後，渡江至皖南，並向江西一帶發展，後為江西觀察使張鎬鎮壓。又有新安豪強沈千載「結椎剽之黨，為之囊橐。弄兵潢池，虔劉我民，桴鼓之聲相聞，郡國二千石不能禁」[53]，聲勢頗為浩大，不久也被張鎬所鎮壓。鑒於對方清、陳莊主要活動地區控制力量的薄弱，唐皇朝在鎮壓起義之後，即以石埭城建祁門縣，割浮梁、歙縣、黟縣的六個鄉為其轄區，以強化統治。

倘若說以上江西農民起義是受鄰境影響而爆發，談不上是真正意義上的江西農民起義，那麼大和年間的吉州農民起義就有代表性了。據《千唐志齋藏石》之《李府君墓誌銘》所言，吉州素稱「閩落之要，江潯之衛，珍異所奔，由來設伏之地，商旅所湊，還同守隘之鄉」，當地人民素有英勇剽悍、不堪凌辱的性格。早在唐中宗時期，這裡就曾發生過數起小規模的農民起義，後來遭到吉州盧陵縣令李智的鎮壓。唐文宗大和中（827-835年），吉州赤山、徐莊等山寨爆發大規模農民起義。義軍據守險要山洞，建山寨墾種其間，抗拒朝廷的橫徵暴斂，堅持鬥爭達八

53 《毗陵集》卷八《張公遺愛碑頌》

年之久。江西觀察使裴誼鎮壓了這次農民起義，「戮殺擒獲共二百三十六人，收賊柵七所，器械三千二百三十事，水陸田四百頃，牛馬等四百七十餘頭」[54]。農民結山寨僅為的是有地可耕種，而官府為了榨取租稅賦徭，自然不允許方外之民存在，因而殘酷鎮壓。此外，江西地區江河湖泊縱橫，許多民眾「靠水吃水」，但由於封建政府的殘酷剝削，他們難以維持生計時，也會利用水上優勢進行反抗鬥爭。如德宗建中三年（782年），三千多水上的反抗者攻擊洪州；穆宗長慶間（821-824年），江州有「盜劫貢船」[55]。

唐中葉以來農民起義頻起，兵變也時有發生，越是到統治後期越是嚴重。因為隨著統治的衰微，統治者越加採用軍事手段來維持自己的統治，大肆徵發兵徭。唐宣宗時，右補闕張潛上疏曰：「藩府代移之際，皆奏倉庫蓄積之數，以羨餘多為課績，朝廷亦因而甄獎。竊惟藩府財賦，所出有常，苟非賦斂過差，及停廢除將士，減削衣糧，則羨余何從而致！比來南方諸鎮數有不寧，皆此故也。」[56]揭露了統治階級、地方官僚依靠橫徵暴斂，不斷徵發兵役、徭役以邀功請賞的面目。廣大兵士不堪忍受沉重的剝削壓迫，反抗鬥爭因而時有發生。唐宣宗時期的江西毛鶴起事就是一個明證。大中十二年（858年），洪、廣、潭、宣四州

54　《冊府元龜》卷六九四《武功》。

55　《新唐書》卷一七七《錢徽傳》。

56　《資治通鑒》卷二四九「唐宣宗大中十二年」條。

兵亂，「士馬紛擾，得以恣其殺戮，膾人心肝，貧富相易，父子不相保，人不聊生」[57]。五月，湖南軍亂，都將石載順逐觀察使韓琮；六月，江西軍亂，都將毛鶴逐江西觀察使鄭憲；七月，宣州都將康全泰逐觀察使鄭熏。毛鶴等人「攻掠州縣，盜兵殺吏」，唐宣宗驚慌失措，急令韋宙為江西觀察使，發兵征討毛鶴。江西民眾對韋宙之父韋丹惠政深懷感激，所謂「先德在人，歌詠不忘」。聽說韋宙至江西，「皆願縛賊出迎」[58]，從而分化瓦解了部分起義軍。韋宙趁此有利形勢，加緊「造蒺藜棒一千具，並於棒頭以鐵釘之如蝟毛，車夫及防授官健各持一具」，準備鎮壓起義軍。韋宙率軍過襄州時，帶上能征善戰、以捕殺起義軍而聞名的韓季友及其「捕盜」，兩支部隊水陸兼程，悄悄潛入洪州，迅速包圍了毛鶴義軍。義軍戰敗，毛鶴等五百餘人慘遭殺害。韓季友因功而被韋宙提升為「都虞侯」，他的「捕盜」二百餘人也被留在江西，以隨時鎮壓起義軍。這次波及洪、廣、潭、宣四州的士兵起事雖被鎮壓了，但統治者通過起義也尚能接受一些教訓，「自今藩府長吏，不增賦斂，不減糧賜，獨節遊宴，省浮費」[59]，在一定程度上減輕了人民的負擔。

唐中期江西民變多是受其他地區的影響，自主發生的較少，規模也不是很大。除了本區由於經濟的發展，尚能承受政府的經

57　《全唐文》卷八〇二《袁州城隍廟記》。
58　《全唐文》卷七六〇蔡京《李紫東林寺碑陰記》。
59　《資治通鑑》卷二四九「唐宣宗大中十二年」條。

濟剝削外，還在於相對保守的民情，以及沒有足夠影響力的地方大族作領導。義軍大多利用山地江湖等有利自然條件，發展壯大隊伍，打擊官兵。但由於缺乏堅強的組織，戰略上往往各據險要，分散作戰而力量削弱。因此，當統治者調集重兵，並輔以「率先來降者仍特加官賞」的引誘下[60]，他們不是被各個擊破，就是被分化瓦解。但起義軍在鬥爭中懲辦了一批地主、惡霸和貪官污吏，促使統治者停止執行「白著」等竭澤而漁的錯誤政策，從而在一定程度上維護了包括江西在內的廣大江淮地區社會經濟的良好發展態勢。

五　黃巢義軍轉戰江西

唐中後期，宦官專權、朋黨之爭、藩鎮割據愈演愈烈，災荒不斷而民不聊生。史載：「自懿宗以來，奢侈日甚，用兵不息，賦斂愈急。關東連年水旱，州縣不以實聞。上下相蒙，百姓流殍，無所控訴」，「天下百姓，哀號於道路，逃竄於山澤，夫妻不相活，父子不相救」[61]。階級矛盾空前尖銳，一場席捲全國的黃巢農民大起義終於爆發。

唐僖宗乾符元年（874 年）十一月，濮州（今河南範縣）人王仙芝率眾數千人在長垣首舉義旗，傳檄諸道，揭露批判唐政府「吏貪遝，賦重，賞罰不平」，建號「天補均平大將軍海內諸豪

60　《全唐文》卷四十九唐代宗《南郊赦文》。
61　《全唐文》卷八〇四劉允章《宵諫書》

都統」。曹州人黃巢率數千人回應王仙芝。義軍很快攻下曹、濮二州，隨後轉戰山東、河南十二郡之間，影響迅速擴大。起義的風暴也很快席捲到江西。《新唐書・僖宗紀》載：乾符四年（877年）四月，柳彥璋（柳彥章）領導義軍攻克江州「執其刺史陶祥」，並在江州建立水軍，擁有戰船一百餘艘；翌年二月，王仙芝的部將王重隱率農民軍攻克饒州，誅殺刺史顏標；同時，起義者徐唐莒攻洪州，拒守洪州的官僚永新人賀泰、江檀，兵敗死之。攻克洪州後，這支義軍西向湖南、東攻兩浙。

正當起義軍蓬勃發展之時，王仙芝受唐統治者招撫而妥協動搖，使義軍損失很大，王本人也戰死。其部眾一部分由尚讓率領北上到亳州（今安徽亳縣）會合黃巢，一部分進入江西與王重隱會合。義軍經黃巢的整頓，力量重振。乾符五年（878年）二月，黃巢號沖天大將軍，建元「王霸」。黃巢率軍不斷的向北發動攻擊，因唐軍的頑強阻擊而屢遭挫折，於是改變戰略，引兵南下而作遠距離的流動。四月，黃巢組織農民軍從舒州（今安徽潛山）過江，進入江西境內，與王重隱遙相呼應，一舉攻克虔州、吉州、饒州、信州，橫掃了唐皇朝在江西的統治勢力，起義軍勢力也大為增強，很快發展到二十萬人。隨後，黃巢起義軍沿仙霞嶺開闢山路七百里，進佔福州，南下廣州，再入桂州、衡州、潭州、澧州。乾符六年（879年）十一月，義軍佔領軍事重鎮江陵，威逼襄陽。但在佔領江陵後，黃巢因輕敵冒進在荊門關遭山南東道節度使劉巨容和江西招討使曹全晸合兵伏擊，部隊傷亡潰散約十七萬人。黃巢不得不放棄從襄陽直上河南攻取兩京的計畫，轉而率部沿湘江北上，再度進入江西。約半年間，先後攻克

饒州、信州、池州等十五個州，數次大敗官軍。黃巢在饒州、信州等地吸收了大量的力量，使義軍人數重新發展到二十餘萬眾，因而再度準備北進。

廣明元年（880年）四月，唐諸道行營都統高駢坐鎮揚州，徵調各路軍隊，並廣泛募兵，組成一支七萬人的勁旅。高駢用節度使的職銜誘降黃巢，以散其心；同時派驍將張璘率精銳主動出擊，連敗義軍。黃巢不得不退守饒州，又因其部將王重霸、常宏先後投降官軍，饒州失守而退守信州。五月，義軍在信州遇疾疫，士卒多病亡，士氣和戰鬥力受到很大的影響。張璘趁機加緊攻擊，義軍處境十分危急。為爭取戰局好轉，黃巢一面以重金賄賂張璘，瓦解其鬥志；一面致書高駢，偽裝請降，求他保奏為節度使。高駢因屢勝而驕狂，也準備誘而殲之，假意答應黃巢。當時昭義、感化、義武等諸道兵馬已奉命調至淮南，高駢深恐功勞被瓜分，上書僖宗，言稱即將平定黃巢，請遣歸諸道兵馬，僖宗准其奏。義軍偵知諸道兵馬渡淮北撤後，乘高駢疏忽麻痺之際，立即發起進攻，將張璘及其所率精銳部隊殲滅於信州城下。張璘被殺，予以高駢致命打擊，使他再也不敢同義軍接戰而「握兵保境」。信州大捷，黃巢義軍勢力大振，奠定了渡江北進的基礎，造成了席捲兩京，所向披靡之勢。十一月中旬，黃巢義軍攻下洛陽，佔領長安，建立了大齊政權，唐皇朝終於土崩瓦解。

黃巢義軍在南下流動作戰中，江西是其活動的重要區域，因而留下了不少足跡。據《太平寰宇記》所記：餘干縣：「余鐸廟，在白雲城，黃巢亂，捍禦有功，民立廟祀」；上饒縣：有星石山，高百餘丈，羅列周布，如隕星，「俗傳避黃巢之亂者居此

·贛粵咽喉——梅關

嶺」；浮梁縣：有九英山，在縣南五十里，「黃巢亂，唐寧賡據此以禦之，因名九英」；宜春縣：有轉鐘潭，「相傳黃巢党以鐘烹牛。鐘靈，轉入水」[62]。又據《輿地紀勝》卷二十七載，上高縣西四十里有慈光洞，緣梯而下，有門可入，「昔兵戈之時，民逃於此，壁間題云：『唐乾符二年，黃巢作亂，在此避難』。」《齊東野語》卷十一「譜牒難考」條中提到，歐陽琮為吉州刺史，「當唐末黃巢陷州縣，率州民悍賊，鄉里賴以保全」。同治《贛州府志》卷四記，贛縣「文潭嶺……又西北二十里為回軍嶺，裡

62　分別見《太平寰宇記》卷一〇七、卷一〇七、卷一〇七、卷一〇九。

人方氏率眾卻黃巢兵，故名」。以上史料基本是站在地主階級立場書寫的，反映了活動于江西的黃巢義軍儘管得到一些民眾的大力支持，但也遭到了另外一些民眾堅決抵制的事實。義軍的活動給江西地區帶來的不只是進步，也對本區的生命、財產帶來了極大的破壞。生存和自保需要，是戰亂時期民眾的自然選擇，歷史唯物主義者自然不會因為他們抵制了黃巢義軍，就認為是反動的、落後的。

六　地理形勢與唐代軍政

江西地處長江中游，「東通浙閩，南盡大庾，西連荊楚，北至大江」[63]，在地理形勢上位於南部中國的相對中心區域。隋唐以來，隨著大運河全線貫通和大庾嶺道的開拓，江西已成為南方道路交通的重要樞紐。在和平時期，江西是南來北往商旅活動的重要通道，在戰爭時期則成為兵糧繁忙運輸的區域和重要的軍事基地。江西以洪州為中心，雄視南方。所謂「豫章雄鎮，襟帶江湖，干戈始寧，安人是切」[64]；「豫章重鎮，荊揚澳區，五嶺控其南，九江在其北，連帥所統，安危是繫」[65]；「豫章水陸四通，山川特秀，南接五嶺，北帶九江，咽扼荊淮，翼蔽吳越」[66]，就是對其軍事地理形勢的寫照。事實上，在封建時代，任何軍事

63　《讀史方輿紀要》卷八十三《江西一》。
64　《全唐文》卷三六七賈至《授元載豫意防禦使制》。
65　《毗陵集》卷五《為張洪州謝上表》。
66　《讀史方輿紀要》卷八十四《江西二》。

勢力，要統治長江中下游地區或者進攻、控禦嶺南，必不能無視江西。《讀史方輿紀要》卷八十四《江西二》云：「隋之亡也，群賊操師乞林士宏（弘）相繼據豫章，蕭銑惡其逼也，急取豫章以為東藩。唐李靖自荊楚而東，先略豫章，庚嶺以北，刻期蕩平矣。……議者以南昌為百粵上游，三楚重輔，豈虛語哉。」

以北方為統治核心的中原政權，因軍事而借重江西的地理形勢、交通路線，多半與嶺南戰事有關，而嶺南軍事勢力要北上，也往往依賴江西交通。秦漢用兵南越而主要取道江西即北方南下是先例；梁末嶺南陳霸先通過江西北上，最終在建康建立陳朝政權，則是南方北上的事實。隋唐時期，這種歷史情形也曾經數度出現。隋高智慧為亂、王仲宣反就是典型的事例。據《隋書・裴矩傳》載，開皇十年（590年），裴矩「奉詔巡撫南越，未行而高智慧、汪文進等相聚作亂，吳、越道閉，上難遣矩行。矩請速進，上許之。行至南康，得兵數千人，時俚帥王仲宣逼廣州，遣其所部將周師舉圍東衡州。矩與大將軍鹿願赴之，賊立九柵，屯大庚嶺，共為聲援。矩進擊破之，賊懼，釋東衡州，據原長嶺。又擊破之，遂斬師舉，進軍自南海赴援廣州。仲宣懼而潰散。」裴矩原計劃南下巡撫嶺南，因高智慧為亂，吳越道封閉而不能行，遂採取急進方式直攻入江西，至南康已得兵數千。南康為江西地區南進大庚嶺的重要攻防點。南朝梁末陳霸先時以南康為據點，是以此時雖王仲宣進攻廣州，其党周師舉據東衡州，屯於大庚嶺，裴矩仍從南康南進破賊，並收復廣州。由此件事可以看出隋代通廣州仍以江西的大庚嶺路線為主。裴矩迅速進兵南康，意在防止嶺南軍順贛水佔據江西地區，進而危害到長江中下游地

區。畢竟「南贛為南方藩屏，汀、漳、雄、韶諸山會焉，連州跨郡，林谷茂密，……豈徒扼閩嶺之襟喉哉，抑且南昌之項背矣」[67]。

由於經濟的發展和人口的增加，交通位置的重要，江西長期以來一直是唐政權重要的後方軍事基地。如洪州是製造軍工器械的重要地區，《冊府元龜》卷一三五載，唐代宗大曆七年（772年）詔：「揚、洪、宣等三州作坊，往以軍興，是資戎器。」撫州一直是朝廷軍需材料之一──箭杆的主要供應地。《通典·食貨典·賦稅》「天下諸郡每年常貢」條：臨川郡，貢「箭杆百萬莖」。安史之亂平息以後，江西的軍器製造地位雖然下降，但又成為政權士兵訓練的重要基地，洪州的弩手名聞天下。《新唐書·李光甫傳》載，元和初，高崇文征劍南劉闢受阻時，光甫獻策云：「宣、洪、蘄、鄂強弩，號天下精兵，爭險地兵家所長，請起其兵搗三峽之虛，則賊勢必分，首尾不救。」《玉海》卷一五〇引張雲《咸通解圍錄》云：咸通年間，「（西川節度使）崔安潛乞洪州弩手教蜀人用弩，選千人，號神機營」。因為江西地區一直相對穩定，又處南方內地，其軍事實力並不是十分強大，但依然是維護唐皇朝統治秩序的重要力量。諸如：至德初年，永王璘發動的叛亂，最終折戟於江西；寶應年間，浙江袁晁等起義軍所部，在江西陷於失敗；建中間曹王皋帥江西屢破賊兵於黃蘄間；唐末黃巢軍轉戰江西也屢遭重創，等等。

67　《讀史方輿紀要》卷八十四《江西二》。

第一章‧政治經營與軍事鬥爭

083

　　唐後期，皇朝對嶺南的控制力嚴重減弱，江西控禦嶺南的作用越加突出。《宋高僧傳·三刀法師傳》載：大曆七年（772年）十一月廣州兵亂，叛兵攻佔州城，廣州呂大夫遂知會江西觀察使兼洪州刺史路嗣恭，「牒吉州刺史劉寧徵兵三千人，同收番禺」。咸通三年（862年），南詔兵亂，次年初攻陷交趾。江西先是出兵援救，不成後改為屯兵嶺南。《資治通鑒》卷二五○「唐懿宗咸通四年」條記：正月，南詔陷交趾，「荊南、江西、鄂嶽、襄州將士四百餘人」馳援，因戰事不利，「詔諸道兵赴安南者悉召還，分保嶺南西道」。其後，「南蠻寇左、右江，浸逼邕州」，朝廷召以義武節度使康承訓為嶺南西道節度使，「發荊、襄、洪、鄂四道兵萬人與之俱」，七月，「時諸道兵援安南者屯聚嶺南」。江西除了出兵外，還負責兵糧的運輸。《唐會要》卷八十七《漕運》記咸通三年（筆者考證應為「四年」）三月時：「南蠻陷交趾，征諸道兵赴嶺南，詔湖南水運自湘江入澧渠，並江西水運，以饋行營諸軍。湘、澧溯運，功役艱難。」由於唐軍事力量不足，南詔亂事延宕未決，至咸通六年（865年），征略安南（今雲南一帶）的將士因大多數來自兩河（今河南河北一帶），不服水土，「涉氛瘴死者十七，戰無力，蠻勢蓋張」[68]。宰相楊收奏請撤換北軍，於洪州置鎮南軍，在江西招募強弩手三萬調去駐防。鎮南軍於安南，位置近便，易於調度，而且又可以籌集到軍糧，「泛舟餉南海」。懿宗批准了楊收的建議，實施效果是「蠻

68　《新唐書》卷一八四《楊收傳》。

不能支」，楊收穫得嘉獎。唐廷設置鎮南軍的事實，再次表明了江西在長江以南尤其是嶺南地區的控禦、制衡的作用與地位，因而受到了唐皇朝的特別重視。

由南詔亂事也可以看出江西地區與嶺南地區因交通而產生的密切關係，無論是用兵、運糧乃至最後設軍屯駐，二地都往來密切，唇齒相依。這在唐末盧光稠、劉隱之爭中表現得極為明顯。《資治通鑑》卷二六三「唐昭宗天複二年（902 年）」條：「是歲，虔州刺史盧光稠攻嶺南，陷韶州，使其子延昌守之，進圍潮州。清海劉隱發兵擊走之，趁勝進攻韶州。隱弟陟以為延昌有虔州之援，未可遽取；隱不從，遂圍韶州。會江漲，饋運不繼。光稠自虔州引兵救之；……大破隱于城南，隱奔還。」韶州、虔州雖有大庾嶺之隔，實則鄰境相接，往來便利，可相互支援。據嶺南廣州者，對虔州、韶州常須加意防範，即因進犯軍隊常由此南下，觀諸前述南朝陳、隋歷史事實可證。

唐代江西對中央政權的意義，還在於通過江西的交通道路向朝廷提供豐厚的軍國物資。饒州地接長江，境內有鄱陽湖，地當江西往鄂、襄水陸要路。當淮南有變，南方所產須藉長江中游運抵襄州，再循鄖鄂水路或隨蘄陸路北運到關中，饒州遂成為交通樞紐所在。在唐德宗發動削藩戰爭到涇原兵變被平定這段時間裡，江西北上運輸線對唐朝廷賴以生存的江淮物資供應起了極其重要的作用。《資治通鑑》卷二二九「唐德宗建中四年（783 年）」條稱：「時南方藩鎮各閉境自守，惟（江南西道節度使）曹王（李）皋數遣使貢獻。李希烈攻逼汴、鄭，江淮路絕，朝貢皆自宣、饒、荊、襄趣武關。皋治郵驛、平道路，由是往來之使，通

・反映晚唐軍事鬥爭的「作戰圖」(敦煌壁畫)

行無阻。」東南一帶雖因淮西之亂,不能以汴渠接東都、關中,江西、荊湖一帶仍可通,遂有「宣州南接饒州(昌江)後,藉彭蠡湖、長江西行通荊襄」的替代交通路線出現,將江南道貢物米糧北運。其中曹王李皋是開闢或者說是自安史之亂以來恢復使用這條運輸線的功臣。李皋建中三年十月自湖南觀察使轉任江南西道節度使,駐洪州,可知這條路線是建中三年十月前後開通的。軍閥混戰與割據的五代,江西地區仍是南北相連的主要道路之一,發揮了較大的作用。《資治通鑒》卷二六七「梁太祖開平三年(909年)九月」條胡注云:「自福建入貢大樑,陸行當由衢、信取饒、池界渡江,取舒、廬、壽渡淮,而後入梁境。然自信、饒至廬、壽皆屬楊氏,而朱、楊為世仇,不可得而假道,故航海入貢。」可見,江西被楊吳佔領,致使閩與中原朝廷的陸上連繫中斷,只好依靠海路。錢氏吳越政權與中原王朝航海交通,首見於《吳越備史》卷一《武肅王》:「(貞明四年)冬十二月,淮人圍虔州,將絕我貢路,刺史盧光儔來告,王命徵兵援之,未及境

而虔州拔矣。航海入貢自此始也。」說明江西在吳越政權與北方陸上交通中處於重要的地位。

　　江西地理形勢特色，由交通線的利用觀察，在於其連繫性強。交通路線使江西與其他地區緊密相關。江西的經濟、軍事活動，一般都不限於江西域內，而是與宣、歙或韶、廣相連。前述的唐中後期的民變以及唐廷對嶺南的軍政活動就是典型的說明。另一方面，江西地理形勢又具有相對的獨立性。江西基本上是以贛、撫等五大水系為中心，其間的山脈構成各大水系之間天然的分水嶺，形成以流域區分、各自相對獨立的地理單元。同時各大水系又以鄱陽湖為連繫中樞，通過水道把不同的地貌單元連繫在一起，構成了江西全境不規則的環狀組合的地貌格局。分布於江西境域周圍的山脈，除了一些山隘關口外，呈相對封閉的地理形勢。因此江西一地若能控湓陽之首與南康大庾之尾即庶幾可固守，隋末唐初林士弘可為一例。林士弘據江西達六年（617-622年），固然與隋政權已崩潰、唐政權致力於掃蕩北方而未全力對付南方有關，但林能久據江西，不受其他割據勢力侵擾，與江西地區的地理形勢、交通路線有關。林士弘之起，乃先據虔州、彭蠡湖二大中心，然後向內擴展，依序攻下臨川、廣陵、南康、宜春數郡，將江西全區納為勢力範圍，「南洎番禺」是江西、嶺南關係密切的又一例。在其擴張過程中，始終無外界勢力挑戰，與其控江西地區頭尾二險相關。其後勢力減削乃因其內部叛離，而非外界攻入。張善安叛後，林士弘仍保有南昌以南至嶺南東部循、潮之地。這種相對封閉的地理形勢，成為江西地區在一般的戰亂之時還能維持穩定與發展、分裂割據之時還能相對獨立的重

要依據。這種情形在安史之亂後的天下形勢中得到突出的體現。

第三節 ▶ 唐末江西地方豪強政治

唐朝末年，受軍閥混戰割據以及受黃巢大起義的深刻影響，唐朝廷對原本作為政權最後依靠的江淮地域控制幾乎喪失，江西地方統治權也因形勢的演變，逐漸轉移到了風雲際會的地方豪強之手。江西地方豪強除了揮戈執盾進行攻城掠地的軍事爭鬥外，也比較積極地進行地方政治、經濟的建設，基本保證了本區在唐末五代天下紛亂之際的相對穩定與發展。但又因其自身的缺陷，不能建立相對統一的割據政權。

一　地方豪強割據江西

「自唐失其政，天下乘時，黥髡盜販，袞冕峨巍。」[69]唐朝末年，江西地區也出現了地方豪強競相割據的社會現象，對本區政治、軍事、經濟、文化造成了深刻的影響。

（一）鍾傳據洪州

鍾傳（？-906 年），洪州高安縣（今高安市）人，出身鄙下，以負販為業，曾為州小校。當唐末農民起義的浪潮洶湧、封建王朝風雨飄搖時，江西陷入混亂，鍾傳趁虛而起。《新唐書·

69　《新五代史》卷六十一《吳世家一》。

鍾傳傳》載：高安民眾「推（鍾）傳為長。乃鳩夷獠，依山為壁，至萬人，自稱高安鎮撫使」[70]、「鳩夷獠，依山為壁」，表明鍾傳的基本隊伍是本地民眾，而且是官紳文人眼中落後的少數民族；依山為壁（指紮寨華林山），保護家鄉，體現出這批人淳樸、本分的特性，只求免遭兵寇的殺掠，沒有攻城掠地的圖謀。但隨著勢力的增強，鍾傳也產生了割州據縣的政治軍事要求，因此自稱高安鎮撫使，標榜為唐地方統治的維護者。乾符三年（876 年），王仙芝部將柳彥璋（或作柳彥章）攻掠到洪州東南部的撫州，鍾傳遂以「勤王」名義由高安進軍撫州，趕走了柳彥璋，向朝廷報捷，詔即拜撫州刺史。其實，唐廷對全國的統治已名存實亡，為求得治內的暫時平靜，對各地紛起的武裝力量，採取分任他們為當地刺史的政策。鍾傳入據撫州後，潛心積蓄力量。中和二年（882 年），勢力稍強的鍾傳即驅逐江西觀察使高茂卿，進據洪州，自任洪州刺史。唐廷無可奈何，同時企圖加以羈縻，即授他為江西團練使，不久拜鎮南節度使，檢校太保、中書令，賜爵穎川郡王，轉徙南平郡王。至此，鍾傳成了江南西道的最高軍政長官，據有大半個江西，成為晚唐南方的重要割據勢力。

起於下層、以武力為手段起家的鍾傳，具有相當的政治才能。鍾傳為鎮南節度使，沒有歷史背景和社會基礎，缺少政治威望，不為人所看重，所以他對相關各州刺史採用恩威並用、尤重

70　《新唐書》卷一九〇《鍾傳傳》。

寬大的政策，以獲得支持。《新五代史・鍾傳傳》載：「是時，危全諷，韓德師等分據撫、吉諸州，傳皆不能節度，以兵攻之，稍聽命，獨全諷不能下，乃自率兵圍之。城中夜火起，諸將請急攻之，傳言：『吾聞君子不迫人之危。』」攻戰之際，竟說此話，似為迂腐，但細細推究，實為高招。鍾傳與危全諷皆出身草莽，無名分資歷；現在居高臨下，寬以待人，宣揚君子風度，是在同儕面前提高其主帥身份。又《新唐書・鍾傳傳》載，當他領軍平危全諷之叛而圍撫州城時，「天火其城，士民譁驚，諸將請急攻之。傳曰：『乘人之險，不可。』乃祝曰：『全諷罪，無害於民。』火即止」。危遂於次日率城而降，「並請以女妻傳子匡時」，由對手變成了盟友。此外，吉州先為韓德師所據，鍾傳令彭玕攻破，收吉州入鍾氏勢力，以彭玕為吉州刺史。袁州自乾寧年間起屬鍾傳勢力，鍾傳以匡時為袁州刺史。天祐時彭玕之弟彭彥章任袁州刺史。

鍾傳雖係商販出身，卻好學重士，十分注重教化。唐僖宗廣明（880 年）之後，社會秩序一片混亂，統治綱常搖搖欲墜，「州縣不鄉貢」，文治教化全都顧不上。唯有鍾傳在洪州「歲薦士，行鄉飲酒禮」，主動資助應試者。陶岳《五代史補》卷一「鍾傳重士」條說：「時江西士流有名第者，多因傳薦，四遠騰然，謂之曰英明。諸葛浩素有詞學，嘗為泗州館驛巡官，仰傳之風，因擇其所行之事赫赫可稱者十條，列於啟事以投之，十啟，凡五千字，皆文理典贍。傳覽之驚歎，謂賓佐曰：此啟事每一字可以千錢酬之，遂以五千貫贈，仍辟在幕下，其激勸如此。」《新唐書・鍾傳傳》稱，因鍾傳獎掖士人「故士不遠千里走傳府」，如袁州

人陳象、潤州人湯篔、吉州人陳嶽等，皆被鍾氏羅致幕中。鍾傳還教訓諸子「士處世尚智與謀」，不能學他年輕時憑氣力與猛虎搏鬥，這是明智的經驗總結。

鍾傳鑒於自己的實力與政治意圖，除了曾遣其子鍾匡時擊湖南馬殷、謀誅假道洪州入閩地的王潮外，以保守江西為重，以求在天下混亂的形勢下得以維持長久。鍾傳在江西地區擁有比較雄厚的武力，又由於他的政治努力，甚得人心，由此穩定了他在江西大部地區的統治，淮南楊行密屢欲吞併，都因有所顧忌而罷[71]。

乾寧元年（894年）後，鍾傳感到來自楊行密的強大壓力，遂向中原朱溫表示歸附，以尋求保護。光化元年（898年），鍾傳與兩浙節度使錢鏐、武昌節度使杜洪、淄青節度使王師範都遣使至朝廷，要求以朱溫為都統討伐楊行密，唐朝廷不許。鍾傳「居江西三十餘年」，累拜官爵，成為混亂時代專制一方的大員，卻沒有培植羽翼親信，像楊行密、錢鏐那樣建築起自家天下。天祐三年（906年），鍾傳去世，長子鍾匡時繼立，引起時為江州刺史的次子鍾匡范（或說是鍾傳養子鍾延規）的不滿。匡范為一己私利，竟以江州投附楊吳。吳主楊渥即派兵攻下洪州，並大掠三日，俘匡時等五千人回揚州。鐘氏的江西功業即告結束。

71　《新唐書》卷一八八《楊行密傳》：時謀趨洪州，袁襲說行密。不可，「鍾傳新興，兵附食多，未易圖也」。

（二）危氏兄弟占撫州、信州

危全諷（？-909 年），字上練，又字忠練，撫州南城縣人。唐僖宗乾符元年（874 年），黃巢農民起義爆發，江西各地農民群聚回應。危全諷與其弟危仔倡招募鄉勇，組織武裝，在南城城上修築土城，保衛鄉民。乾符四年（877 年），江西起義軍柳彥璋由江州南下攻打撫州。危全諷與危仔倡起兵，攻柳於象牙潭（今新建縣市汉鎮），斬其部將黃可思、李道謙，被授為討捕將軍。在敗柳彥璋的過程中，危氏兄弟出力甚大，同時其力量也得到加強。乾符五年三月，崇仁（一說南豐）朱從立、新城黃天撫趁黃巢起義軍攻佔江西之機，率領農民起義，在今南豐、黎川、崇仁、宜黃一帶活動。危全諷奉令將其鎮壓。隨後，危全諷又在南城都軍修築土城，設立軍營，並派出遊動哨，保衛南城全境（含今黎川、資溪縣）。中和二年（882 年）五月，鍾傳佔據洪州，危全諷受其節制。危出於自己的利益考慮，伺機脫離。中和五年（885 年），危全諷佔據撫州，並令其弟仔倡東向據信州，公開與鍾傳決裂。唐僖宗將危氏兄弟皆命為刺史，以求得其對朝廷的認可與支持，並藉以牽制洪州鍾傳。但危氏力量並不足以和鍾傳相對抗，為了生存與發展，前期危全諷兄弟東向接受吳越錢鏐號令，並與吉州刺史彭玕、虔州刺史盧光稠友善。後來，危全諷在鍾傳軍事壓力下，謝罪而降，嫁女予鍾傳之子匡時，又重歸鍾傳屬下。

危全諷主政撫州，頗有治績，在經濟、文化方面取得了一定的成就，使撫州成為遠近聞名的地區。中和五年（885 年），危氏以地處連樊水邊的撫州城地勢低窪，易發生內澇，更不利於戰

守，遂將州治向東移至形勢險峻的羊角山。又於中和七年開始了撫州歷史上第一次修築城牆的工程，歷時三年才竣工。新建成的撫州城分內外兩重，內為子城，周長一里二二五步（每步 5 市尺），設有三門；外為羅城，周長十五里二十六步，設有八門，奠定了現代撫州城的基礎。城內有大街兩條，為農副產品的交流和商業服務提供了便利。張保和於大順元年（890 年）作《撫州羅城記》，盛讚撫州「賈貨駢肩，豪華接袂」的繁華景象。

　　危全諷注重發展教育和宗教事業。天複二年（902 年），危氏在撫州設立文廟，力興儒學，設文學、助教職官，掌全州教育之職。在他的影響下，撫州「學富文清，取捨無誤，既狀周道，兼貫魯風」[72]。宜黃棠陰人羅堅、羅信於天祐年間（904-907 年）贈田創建了湖山書院和三灣書院，開撫州私人辦學的先河。危氏篤信佛教，力倡佛學，網羅了一大批禪師來撫州傳經講佛，住持寺廟。曹洞宗師本寂在宜黃曹山寺開山說法，他多次參禪禮佛，並對其宣導的「五位君臣」法要深為悅服。當時，鍾傳數次請本寂去洪州弘法，本寂不為心動。危全諷入主撫州伊始，邀請本寂得意弟子匡仁禪師住持疏山寺弘揚曹洞佛法。《全唐文》卷九二〇澄玉《疏山白雲禪院記》曰：「大順元年（890 年）我大師領徒而至，太守危公見而深加敬仰。」文偃禪師曾在疏山寺師事匡仁十年之久，後在韶州創立了雲門宗。開平二年（908 年），文

72　《全唐文》卷八一九刁尚能《唐南康太守汝酈公新創撫州南城縣羅城記》。

益應危全諷之邀，擔任臨川崇壽院住持，創立了法眼宗，被譽為「汝水之燈」。文益廣收門徒，光大法眼佛學，使崇壽院享譽天下。當時崇壽院方圓數里，海內外拜師求學的多達千餘人，佛教國師德韶、慧炬都曾在崇壽院師事文益。由於撫州在短短數十年間培育出佛教禪宗幾大流派，被稱為「天下禪學的中心」。危氏還對今黎川福山寺施以山田，資助寺僧。在他的宣導下，黎川幽棲寺、崇仁龍濟寺也相繼創立。

此外，危全諷還注意招撫流亡，增加人口，擴大土地墾種面積。唐末五代正是北方地區戰火連天、餓殍遍地之時，而撫州「既完且富」，儒學的繁榮又引來大批北方士人競相投奔，帶動經濟文化的發展。這個時期遷來撫州的大家族有：金溪陸氏，樂安董氏，宜黃樂氏，南豐吳氏，南城、臨川黃氏等。大量人口的遷入和許多文人墨客到撫州遊覽所留下的墨寶和詩賦，為宋代撫州人才崛起創造了條件。

值鍾匡時執掌洪州權力，危全諷圖謀取而代之，自言：「聽鍾郎為節度使三年，吾將自為之。」[73]當鍾匡時與鍾匡范爭權奪利而吳主楊渥趁機攻洪州時，危全諷曾率諸郡兵十萬救援，然畏吳軍強盛，不戰而退。開平三年（909 年），吳主楊隆演派老將周本攻入江西，危失敗被俘，被押至廣陵。因危氏曾援救過楊渥父楊行密，楊渥將其釋放，讓其閒居廣陵，不久病逝，追封為南庭王，歸葬於南城縣新豐鄉梅溪村界潭。黎川福山寺左側建「危

73 《新五代史》卷四十一《鍾傳傳》。

王寺」，並鑄其鐵像，以香火祀之。危全諷失敗後，信州刺史危仔倡棄城奔吳越。危氏割據事業至此而終歷時二十七年。

（三）彭玕理吉州

彭玕（836-933 年），字叔寶，吉州廬陵人，世居赤石洞，為地方酋豪。乾符五年（878 年），黃巢義軍進入江西，攻破虔州、吉州、饒州、信州等地，橫掃了唐皇朝在江西境內的統治勢力，也帶來了江西地區的紛亂。為了保障鄉里和割據地方，素有大志的彭玕與兄彭鄴、弟彭瑊「破家鬻產」，聚鄉里民眾得五百餘人，在赤石洞王嶺山中「冶鐵為兵，宰牛練楮為甲胄」，並自為首領，建立偏裨，與約號令。不久，眾至數千。吉州守宰不能禁，於是實行招撫，稱彭玕「捕逐群盜有功」，補其為吉州永新制置使[74]。當危全諷起兵撫州時，彭玕曾率眾攻之。時鐘傳為鎮南軍節度使，名義上都督江西八州，但實際上無法控制，遂奏報唐僖宗，以危全諷為撫州刺史、彭玕為吉州刺史。

彭玕任吉州刺史時，頗有治績。為加強統治中心的防守，彭玕修整吉州城。《廬陵縣誌》卷三載：「天祐元年，刺史彭玕廣城池，周九里九十一步，東瀕贛江，西、南、北浚濠，濠深三丈五尺，長一千四百七十一丈二尺。門五：南興賢，西永豐，東迎恩、廣豐，北嘉和。門有樓，城有戍台。」這在當時蔚為壯觀。同時，彭玕「務農訓兵，禁約賭博」；有數兵卒行竊，「玕乃斬

74　《九國志》卷十一《彭玕傳》。

之於市，以令眾庶」[75]，號稱「軍紀嚴肅，樵采不犯」[76]，頗得人心。不過，彭玕心胸較為狹隘。為報李某早年不請其飲宴的私怨，竟「盡誅其妻孥數十口」；因手下十數位將領抱怨得到的利祿太薄，亦「盡殺之」[77]。這無疑影響了其勢力的壯大，為了擴大生存空間，彭玕向袁州進攻。天祐三年（906 年）十二月「吉州彭玕、彭璋率兵圍城」[78]，造成的破壞極大，致使袁州「兵革之後，井邑蕉沒」[79]，但對彭玕來說，則擴展了自己的勢力範圍和政治影響。在提高軍事力量與整頓社會秩序的同時，彭玕大興文教，獎勵、網羅士人。彭玕少好學喜文，通《左氏春秋》。因此，在建立割據政權後，以此為爭取士人的手段。《新唐書・鍾傳傳》載，彭玕「嘗募求《西京石經》，厚賜以金，揚州人至相語曰：『十金易一筆，百金償一篇，況得士乎！』故士人多往依之」。《九國志》卷十一《彭玕傳》稱：彭玕「當兵荒之歲，所在饑饉，玕延接文士曾無虛日，治具勤厚，人多歸之」。《十國春秋》卷九《楊彥伯傳》載，新淦人楊彥伯，唐末童子科及第。還居鄉里時，彭玕「厚遇之，累攝縣邑」。

後梁開平三年（909 年），彭玕參與由危全諷主持的抵抗楊吳吞併江西的聯合軍事行動，失敗後，投奔馬楚政權。從此彭氏

75 《江南野史》卷六《彭玕》。
76 《九國志》卷十一《彭糾傳》。
77 《江南野史》卷六《彭玕》。
78 正德《袁州府志》卷六《職官・李游・冷約》。
79 《稽神錄》卷四《宜祥人》。

勢力進入湖南，影響久遠。

（四）盧光稠、譚全播治虔州

　　割據贛南的是盧光稠、譚全播。盧、譚為虔州南康人。盧少年時就天資聰穎，喜愛騎馬射箭，常用藤條、利器與堅甲操練武藝。長大後身材高大魁偉，膂力過人。他博覽典籍，細察民情，智勇兼備，甚得鄉人好評；譚則善謀，勇敢而有膽識。兩人相知甚深，常在一起縱論天下風雲，抒發鴻鵠之志。值唐末黃巢大起義瓦解唐政權之際，盧、譚二人商量起兵，圖謀大業。譚說：「天下洶洶，此真吾等之時，無徒守此貧賤為也！」[80]經過一段時間的緊張準備，盧光稠于唐僖宗光啟元年（885年）一月在南康縣石溪都起兵。盧自任首領，以譚全播為謀士（副首領）。起義部隊在盧的率領下，縱橫馳騁，連戰皆捷，軍威大震，當月即佔據了虔州，並宣告自任刺史，實行武裝割據，擔負起保衛、鞏固、治理、開發虔州的重任。

　　盧光稠刺虔州，不失時機地制定明確的戰略目標，有計劃地實行七項重大措施[81]。第一，實行兵民合一的軍事制度，積極發動虔州農民參軍，壯大戰鬥隊伍，並對他們進行嚴格的編伍訓練，統領他們保家衛鄉，剪凶除奸，同時確保軍事上割據一隅。

80　《新五代史》卷四十一《盧光稠傳》、《譚全播傳》。光緒《江西通志》卷八十二「太傅書院」條記盧為上猶縣西北石門村人。

81　關於盧光稠施政「七大措施」的敘述，參考姜華耀《盧光稠與贛南》一文，該文見《贛南客家網》：http://gz.jxcn.cn/kjgn/。

第二，實行輕租薄賦政策，有組織地安排解危救難，濟貧恤孤，使黎民各得其所。第三，廉行公務，勤政為民，廣聚賢才，禮以接士。第四，針對虔州因連年動亂，農田嚴重失耕，鄉村四處凋敝的情況，盧光稠迅速推出政令，強調以農為本，州府鼓勵墾殖，獎掖農漁，要求農民恢復田園，改進耕作，興修塘堰，抗澇防旱，多播五穀，遍植桑麻。第五，盧光稠發布文告，支持市井作坊及商賈，活躍工商，繁榮商埠。著名的「贛州窯瓷」業，在州府的扶助下，有長足的發展。第六，修築虔州城。盧光稠「斥廣其東西南三隅，鑿址為隍，三面阻水」，把虔州城區擴建到三平方公里左右。在擴大虔州城區的同時，還把原來的陽街、橫街擴為六街。從而使虔州城不僅有軍事功能，經濟功能也相當突出。第七，妥善接納由中原南來避難遷至虔州落腳的大批移民。盧光稠為了減輕離鄉背井的難民的痛苦，命令當地兵民，對於願意在本地定居的來客，要熱情協助他們尋找適宜之地定居；對於還要繼續向閩西粵北播遷的客戶，則向他們提供各種方便。在盧光稠主政虔州的二十餘年中，從中原遷來的難民，在虔州得到當地兵民關照者不計其數。當時，在虔州一帶的山嶺地區，還居住著有一定人數的「蠻僚」、苗、瑤等少數民族。盧光稠以仁愛之心，令所有漢民及少數民族均須融洽相處，不得互相侵害。這對本地社會的長期安寧，尤其是對於贛南接納更多南來的中原避難流民有重要意義。盧光稠在虔州的政務，深得廣大兵民的擁護和支持。在其統治時期，虔州的農業、手工業、交通業有了較大的進步。南康的錫礦、於都的金礦、安遠的鐵錫礦及大餘的鉛錫礦均已開採，而且規模越來越大，需要由礦場設縣，如上猶、瑞

金、石城、龍南等均為此種情況。從壽量寺高達六米的觀間鐵佛及多項龐大的擴城建築工程，可以看到當時虔州各業的技術水準及虔州的總體經濟實力。虔州城也由一座原來

·贛南盧光稠紀念館

只是防禦來犯之敵及預防洪澇的小城池逐步變成了江南一座繁榮的工商重鎮，出現了虔州歷史上第一個繁榮時期。就此而言，盧光稠對於贛南在紛亂唐末五代保持穩定和發展，作出了較大的貢獻。

　　作為一個有作為的割據者，盧光稠並不滿足於保守虔州一地。天複二年（902 年），六十三歲的盧光稠親率領部隊攻佔韶州，並委派長子盧延昌據關駐守、長兄盧光睦率部隊進攻潮州。在譚全播的鼎力支持下，盧光睦攻佔了潮州。不過，其後不久，韶、潮二州即被嶺南劉岩攻取，盧光稠仍保守虔州。天祐四年（907 年），嶺南割據政權的首領劉隱，派其弟劉岩以數萬兵力攻打虔州。盧光稠傾全力擊退了劉軍，總算把虔州保住了。在群雄爭霸的時代，虔州為周圍列強所虎視，新興的楊吳政權更是不時地騷擾虔州。盧光稠審時度勢，派員赴開封稟奏後梁太祖朱溫，表示願通道路、輸貢賦，臣屬於後梁朝廷。盧氏企圖借後梁的政治影響與軍事實力，牽制吳的軍事進攻。而後梁本自衰敗，勢力不過江南，亦欲趁此影響南方。後梁太祖遂於虔州設百勝軍，授盧光稠為防禦使兼五嶺開通使，轄虔、韶二州以及吉州南邊諸

縣。又建鎮南軍，以盧光稠為留後，並加封其為「舟汝王」及太保太傅。後梁乾化元年（911 年）五月，盧病逝於虔州任所，享年七十一歲。後梁太祖得報，即追封盧光稠為「忠惠廣利王」，並下諭，以一八六○餘貫錢，在虔州憲台之西建「盧光稠之祠」，在祠中陳列盧光稠遺物。

唐末江西地方趁勢而起的豪強眾多，超過了以往各代，除了上述所舉的割州據縣成為一方諸侯的豪強之外，還有不少結寨保境而沒有官爵名號的地方豪強。如樂安嚴陀寨，即是鄉民團聚自保的典型。據雍正《江西通志》卷一六二載，在「大盜蜂起」的唐末，樂安民朱綸、朱繪兄弟率眾結寨於嚴陀山，「固以土牆，上築崇樓，令婦女處其中，而廛市屯店環繞於外，七千餘戶相依，盜不得逞」。全寨鄉民接受朱綸、朱繪兄弟督率，「輸苗米、酒稅、曲腳錢，納於撫州」。他們嚴防盜寇，與官府妥協，「安居無恙」至北宋統一以後而自然解體。這些地方豪強儘管也活躍，但對唐末的江西地方社會與南方政治軍事影響比較有限。

二　地方豪強政治特色

「唐立國於西北而植根於東南。」[82]中唐以後，包括江西在內的江淮地區已成為唐之經濟命脈與政權穩定基礎之所在。歷史上，經濟發達之地（「基本經濟區」）在特定時期往往成為割據地域或割據者競相爭奪的地域。有唐一代，江淮及江南一帶在經

---

82 《讀通鑑論》卷二十六「唐宣宗九」。

濟上可以自足，在地理上與中原之間隔有淮河秦嶺一線的天然分界，距統治中心關中地區更是山高水遠。因此，不乏有人圖謀獨佔這一富庶之地。安史之亂起時，永王李璘即做過割據東南的努力；唐憲宗時，鎮海軍節度使李錡圖謀割據江左。這些反叛者沒有得到他們所期望的回應而失敗，除了經濟發達地區一般都有較強的要求社會穩定的心理外，還在於當時唐政權對撫定全國的反叛藩鎮能力雖有不足，卻還是能勉強維持大一統的軍政形勢。同時，唐統治者從歷史與現實的經驗教訓中清醒地認識到：江淮地域存在割據可能，故對東南諸鎮一貫實行嚴格控制政策。

唐皇朝在東南地區設置有軍政特權的節度使較晚，而且中央嚴格控制藩帥任命權，頻繁更換主帥，據統計其平均任期一般不超過三年，有效防止了藩帥在所轄地區內培植勢力，避免河朔割據政局的出現[83]。同時，唐廷嚴格限制當地兵力，安史之亂時為形勢所迫，雖不得不增加軍備，但局勢稍定，立即裁減。就藩鎮內部來看，由朝廷任命的東南節度使大都為客帥，他們與朝廷之間相互依靠、相互利用。上任後往往以聚斂為務，以江淮財賦博取朝廷歡心，換得更多權力。大多數東南藩帥在離任後都在朝廷取得了高位，甚至位元至宰相。另外，當地社會也缺乏擁護藩鎮割據的社會基礎。由於上述原因，中唐以後當皇朝在全國的統治權威急劇下降時，東南諸鎮仍保持著對朝廷的「忠誠」，所謂

83　張國剛：《唐代藩鎮研究》，湖南教育出版社一九八七年版，第 100 頁。

「每歲賦稅倚辦，止於浙江東西、宣歙、淮南、江西、鄂岳、福建、湖南八道四十九州，一百四十四萬戶」[84]，誠如王夫之所說：「而唐終不傾者，東南為之根本也。」[85]長期以來，江西和其他南方州郡一樣，成為唐中央政權穩定的基礎。

然而，「天下盡分裂於方鎮」[86]，安史之亂以來，唐朝中央政權與藩鎮間、藩鎮與藩鎮間矛盾重重。至唐末這種矛盾達到白熱化，最終造成了南方各種地方勢力的崛起。一方面，關中因軍閥混戰和農民起義而混亂不堪，唐僖宗已經龜縮在川西時，皇朝對於江南鞭長莫及，既不能有效地鎮壓當地的農民起義，保衛地主豪強的利益，又對擅自起兵者無力控制與鎮壓。江淮地域的藩鎮中，不但高駢、時溥、劉宏漢之間相互攘奪不已，甚至劉宏漢同杭州的董昌、錢鏐之間也發生了兼併戰爭。他們根本無暇過問這些多若牛毛的地方勢力。另一方面，當黃巢大軍南北縱橫之時，唐廷力量空虛，不得不下詔徵兵抵抗起義軍，南方地方官吏募集地方武裝以自保，一些地方豪強以此為名，紛紛起兵，並由此奪得鄉里乃至州郡控制權。簡言之，地方上的一些地主豪強就在階級矛盾衝突、統治者內部鬥爭的空隙中，利用某些地區的真空狀況，趁機起兵武裝割據。這些地主武裝中，有的是以叛亂的姿態割地自雄，有的則迫使唐王朝授以官職，取得了合法的地

84　《資治通鑒》卷二三七「唐憲宗元和二年」條。
85　《讀通鑒論》卷二十六「唐宣宗九」。
86　《廿二史箚記》卷二十《唐節度使之禍》。

位。但在性質上，他們大體都是藩鎮割據的一種變態。隨著唐政權的土崩瓦解，北方陷入混亂，南方也形成了軍閥割據的局面，不過這些軍閥有很多是由地方上的地方豪強成長而成的。六朝以來的士族政治，到唐後期加劇衰落，代之而起的又是地方豪強政治。正是在上述因素的綜合作用下，唐末地方豪強紛紛崛起並尋求政治、軍事權力。北宋歐陽修《豐樂亭記》所稱「自唐失其政，海內分裂，豪傑並起而爭，所在為敵國者，何可勝數」，就是這一現實的寫照。

江西地方豪強的興起主要是基於上述背景，當然也有具體的原因：其一，唐末黃巢農民軍在江西境內縱橫掃蕩，極大地動搖了唐政權在本區的統治地位。其二，唐末中原混亂，經濟遭到極大的破壞，相對富庶的江西成為各種軍事勢力垂涎的對象，無論是黃巢義軍，還是軍閥豪強，都有意掠奪江西。如唐廣明中（880 年）壽州人王緒率兵五千渡過長江，剽掠江、洪、虔州，最後至福建；唐中和年間（881-885 年），孫儒與楊行密爭江淮敗死，其裨將馬殷無所歸，遂領兵數萬轉攻豫章，擄掠虔、吉二州後，才轉入湖南。這迫使江西地方豪強為了在亂世中維護自身的利益，不得不武裝保護自己。其三，江西建立地方政權的經濟基礎比較雄厚。唐中後期以來，江西獨立的經濟區域已逐漸形成，唐末在全國混亂的形勢下，除了因黃巢等北方武裝力量經過發生的戰爭，江西全境相對安寧，經濟持續快速發展。擁有比較雄厚的地域經濟基礎是江西豪強紛紛崛起的根本原因。其四，長期以來，江西地方士族勢力比較弱小，地方豪強在地方社會中佔據主導地位。綜合上述原因，江西地方豪強活躍一時，紛紛建立

自己的勢力範圍,分割本區的統治權力。

唐末的江西地方豪傑顯現出較高的政治、軍事才幹。上述鐘、危、彭、盧等,為了求生存、圖發展而施政,為時雖然不算長,但政績尚可稱道:保境安民、發展經濟、振興文教。他們滿足於本地的治理權威,少有拓展地盤割據一方的強烈欲望;他們能夠讓農戶照常農桑生產,徵收賦稅也不過分刻剝;他們好文重士,招賢納能,吸引四方賓客,也有了招來人口,補充社會勞動力的客觀效益。於是經濟上有了全面開發的實力,促進了生產發達,後勁強盛;文化上注入了新鮮的血液導致了日後的昌明。總之,他們使江西地區在唐末五代初中國社會大動亂之際仍然維持唐中期以來「既完且富,行者如歸」的優勢,全面奠定了南唐社會穩定發展的基礎,乃至為江西地區在宋代經濟文化繁榮鋪平了道路。

江西境域本不廣闊,又是一個相對封閉的地域,經濟力量又在隋唐以來得到相當大的增強,卻不能在唐末混亂時期建立一個統一的割據政權。從地理形勢而言,相對封閉的江西境內丘陵山地遍佈、河流縱橫、地形複雜,在短時期內易成為各自獨立的小區域,而不易形成統一的割據勢力。從統一力量而言,江西地區經六朝隋唐特別是唐中後期的發展,境內各州的經濟力量普遍增強,並趨於均衡。在唐末期由於各區域地主豪強的崛起已呈分裂狀態,各區域之間的力量都相對平衡,誰也沒有絕對的優勢,難以武力實現統一。江西地區以鐘傳勢力最大,同時並存有危全諷、盧光稠。鐘傳一度兼有江、洪、吉、袁、撫數州,並企圖統一全區。盧光稠卻因鐘傳占洪州,向後梁朱溫政權表示「願收復

使府，立功自效」[87]。楊吳趁鍾傳死後子匡時、匡範不和攻江西，滅鍾匡時，危全諷聯合袁、吉、信三州合力攻楊吳所據之洪州，事敗未成。更為重要的原因是，江西民眾相對封閉、保守，也反映在各豪傑之間合作、協作能力低。如洪州鍾傳、撫州危全諷、吉州彭玕等相互策應，曾控制了大半個江西，但根本上他們之間是各自為政，以致最終被楊吳政權各個擊破。另外，由唐末江西地方勢力的發展來看，其勢力擴展以內部優先，向外擴展居次，這是江西豪強保守性的典型反映。唯一例外為盧光稠勢力，曾由虔州擴展至韶州，但最終事無所成。以上這些應是江西很難成為獨立的割據力量而最終被境外勢力所兼併的基本原因。

順便指出，唐末江西豪強與南朝末期江西豪強有相似的地方，兩者都是趁天下大亂之際而風雲際會，影響一時。但唐末江西豪強已開始自己建立權力機構，表現出更大的力量與獨立自主性。這從另一側面說明江西地區的社會經濟比南朝時期有了質的飛躍。

第四節 ▶ 楊吳南唐江西的政治與軍事

五代十國時期，割據江淮的楊吳、南唐政權通過軍事、政治手段實現了對江西地區的全面統治，並把江西作為其政權生存與發展的重要基礎，對江西的歷史進程產生了深刻的影響。

一　楊吳攻略江西

唐末，盧江刺史楊行密逐漸擴充實力，消滅了軍閥秦宗權、畢師鐸、孫儒等部，盡取江東、淮南諸州。雄心勃勃的楊行密欲進一步擴疆拓土以張大勢力，然此時江南地區已被各色軍閥所割據。在楊吳政權的周邊，只有西南面江西境的統治力量較為薄弱。這一地區面積與吳已經取得的土地相仿，且經濟比較發達，同時它又是楊吳向南、向西進一步擴展的關鍵所在，江西遂成為楊吳政權掠取的目標。與此同時，楚、吳越二政權也展開了對江西的爭奪。

天復二年（902 年），唐朝廷封楊行密為吳王（吳初治揚州，917 年移治金陵）。不久，楊行密攻得鄂州，對洪州形成了三面包圍之勢，進攻計畫未及施行，他即病逝，由長子楊渥嗣立。楊渥繼承行密的軍政方略，繼續向西謀求擴展疆土的戰爭，鋒芒直逼江西地區。當時的江西，名義上有原唐鎮南節度使鍾傳鎮守洪州，實際上所轄各州刺史獨霸一方，並不聽從鍾氏調遣。危全諷據撫州、彭玕據吉州、彭彥章據袁州、危仔倡據信州、唐寶據饒州，另有盧光稠、譚全播據虔州、韶州。唐天祐三年（906 年）四月，鍾傳死，子鍾匡時繼位，江州刺史鍾匡范（或曰鍾延規）不服，遣使降吳，江西地區勢力最大的洪州鍾氏政權隨即陷入了內亂。五月，楊渥即以升州刺史秦裴為西南行營都招討使，將兵攻圍洪州，洪州城堅守，三月不下。秦裴計誘守將劉楚出城作戰，九月，終於陷城，饒州刺史唐寶聞訊請降。在大掠洪州三日之後，秦裴俘鍾匡時等五千人至揚州。楊渥親自兼任鎮南節度使以統禦洪州，以秦裴為洪州制置使，領兵據守。洪州鍾氏政權破

滅，使江西其他州政權感到恐慌。吉州刺史彭玕向楚馬殷求保護。天祐四年（907 年）馬楚為自保及染指江西，趁對劉存、陳知新之戰的勝利，進攻洪州，但未能得逞。

當楊吳攻打洪州鍾氏政權時，危全諷坐鎮撫州，危仔倡則把守撫州東北的信州。自從楊吳滅洪州鍾傳以後，兵鋒直指洪州南面的危全諷和西面的馬殷。後梁開平元年（907 年）十二月，吳國軍隊進攻信州，揭開了信州之役的序幕。信州正處在吳越國衢州的西南面，危仔倡遂向吳越求援。吳越王錢鏐遣師赴援，次年五月，吳越軍隊進攻衢州西部的甘露鎮，以牽制淮南之兵力。

當時整個南中國的形勢是，後梁朱全忠與南方的各個弱小政權如吳越錢鏐、湖南馬殷、荊南高季昌、江西危全諷為一方，而河東李氏、淮南楊氏、四川王氏為另一方，進行兼併爭霸戰爭。其中，楊氏政權從北、西、南三個方向進行擴張，用兵的重點是爭奪對長江中游的控制權。因為一旦佔有地勢險要的長江中游，切斷朱全忠與南方各個藩國的連繫通道，就可以北上逐鹿中原，南下囊括東南。因此，楊行密及其後繼者對於長江中游的爭奪不遺餘力，全力進擊。唐天祐二年（905 年）二月，滅杜洪，佔有鄂州。次年佔有嶽州後，又趁江西鍾傳去世，諸子爭位之機出兵佔領洪州、江州和饒州，接著就與馬殷展開了對長江中游的爭奪。長江中游的軍政形勢比較複雜，馬殷與高季昌聯兵共同抵禦楊吳，而盤踞朗州的雷彥恭地處馬、高之間，受到馬、高的兩面夾擊，在爭奪中便投向了楊氏一方。後梁開平元年（907 年）夏，楊吳三萬水軍在瀏陽口一戰被馬殷擊敗，馬殷趁勝佔領了長江中游的軍事重鎮嶽州。十月，馬殷攻克朗州，雷彥恭逃奔淮

南。馬殷雖然頂住了楊吳的軍事壓力，但在當年六月對洪州的進攻和次年五月對鄂州的進攻都遭到了失敗。可見，雙方在長江中游是互有攻守，無論是攻是守，楊吳都不得不把大批軍隊放在那裡。這勢必極大影響到它攻擊信州的能力。當時楊吳攻擊信州去的可能是一支偏師，實力並不太強。因此這一階段略取信州的行動遂有其名而無其實。

後梁開平三年（909 年）五月，吳國權臣徐溫殺國主楊渥，立其弟楊隆演，開始專攬朝政。徐溫在鞏固了執政地位後，趁與馬殷在長江中游的爭奪趨於平靜之機，開始把戰略重心轉向江西戰場。六月，撫州刺史危全諷欲攻洪州，袁州彭彥章、吉州彭玕、信州危仔倡皆起兵回應。危率撫、袁、吉、信四州之眾，號稱十萬，向洪州逼進。當時洪州守兵才數千，守將劉威大敵當前鎮定自若，一面火速遣人赴揚州告急，一面佯作整日宴飲，以疑兵滯敵。全諷誤以為城中有備，觀望不敢進，屯兵洪州附近象牙潭（今新建縣西南市汉鎮），同時向楚王馬殷請求援兵。馬殷遣苑玫會同袁州刺史彭彥章包圍高安以增援危全諷。徐溫知洪州告急，以吳主楊隆演的名義任用有勇有謀的老將周本為西南面行營招討應援使，讓他領兵七千，救援高安。周本分析形勢，認為楚軍只是聲援危全諷，並非要攻取高安，一旦擊敗危全諷，高安之圍必解，因此他率軍繞過楚援軍，疾趨象牙潭，強擊危全諷。危在象牙潭臨溪營建柵欄，連綿數十里。周本利用當地河網縱橫的地形，隔河布陣，使羸弱誘敵，危全諷中計，涉水追擊。周本趁其至河中央，突然縱兵猛擊，全諷兵大潰，自相蹂踐，溺死者無數。周本又分兵斷其歸路，大獲全勝，俘獲危全諷等五千人。象

牙潭之役是江西地方勢力聯合自保、企圖以攻為守的一次努力，卻以大敗而告終，表明江西已難以抵擋楊吳的攻勢。象牙潭之役後，周本率領吳軍趁勝攻擊袁州、吉州，俘獲彭彥章以歸，隨後彭被楊吳署為百勝軍使。吳歙州刺史陶雅令其子陶敬昭攻打饒州、信州，唐寶聞風棄城而逃，危仔倡被迫降吳，吳軍取饒州、信州。此次錢鏐沒有出兵，可能

· 溪州銅柱

是周本進軍速度太快，錢氏來不及作出反應。危仔倡隨後東奔錢塘，歸附吳主錢鏐。

　　楊吳撫定江西北部，極大地雄厚了西進與馬楚爭奪的基礎。後梁乾化二年（912年），吳軍進攻楚嶽州（今湖南岳陽），楚王馬殷派水軍馳援。吳即命撫、江、袁、吉、信五州兵屯駐吉州，牽制楚軍隊。馬楚政權雖對楊吳政權以守為主，但也不時騷擾楊吳邊境，與其接鄰的江西袁州成為其活動的主要區域。如乾化四年（914年），吳袁州刺史劉崇景叛附楚；貞明四年（917年），楚人東侵，進攻上高。

　　洪州被楊渥攻取後，彭玕勢孤無援，乃與潭州（今長沙）楚政權馬殷通好，以為後援。在馬楚的支持下，彭玕雖曾一度進攻江州，但被吳將周本戰敗，被迫退走。又遣兄弟於新淦縣北二十裡的鳳岡建寨拒守，以阻洪州方面的楊吳進攻，得到玉笥山道士

劉守真等的支援。相持數年，拒戰失利，棄寨而還，從吉州退保禾川（今永新）。後梁開平元年（907 年）禾川失守後，彭玕又攜百姓戶口數千家西去郴州、衡州。馬殷以彭玕為郴州刺史，並「為子希范妻其女」[88]。其弟彭瑊被授辰州刺史。約十年後彭死，事終。彭瑊之子彭士愁繼為溪州刺史，與當地土家族相處融洽。士愁子師嵩繼為首領，治理當地，受到馬氏的器重。馬希範在所立「溪州銅柱」銘文中說：「溪州彭士愁，世傳郡印，家總州兵，布惠立威，識恩知勸，故能曆三四代，長十萬夫。」[89]事實上，彭氏與當地少數民族已融為一體，從九一〇年起，曆馬、楚、宋、元、明迄於清初，保持八一七年統治，直到改土歸流才告結束。顯然，彭玕諸人的入湘，對湖南社會發展造成了深遠的影響。

吉州盧陵人劉言，隨彭玕退往湖南後，曾任辰州（今湖南沅陵）刺史，與當地少數民族相處數十年，雙方關係密切。馬殷死後，兒子爭立，南唐趁機出兵，滅了楚政權。但是湖南軍民不堪南唐駐軍的苛刻搜括，醞釀反抗。劉言以「驍勇，得蠻夷心」出名被擁戴為武平軍（駐朗州，今湖南常德）留後。廣順二年（952年）九月，劉言以王逵、周行逢等十人為指揮使，將兵進攻長沙。十月，長沙南唐守將邊鎬棄城走，死者萬餘人，在湖南諸州的唐軍守將，聞長沙陷，相繼逃遁，劉言盡複馬氏嶺北故地。十

88　《資治通鑑》卷二六七「後梁開平三年六月」條。
89　轉引自陶懋炳：《五代史略》，人民出版社 1985 年版，第 171 頁。

二月，劉言向後周上表聲稱：「潭州殘破，乞移使府治朗州，且請貢獻、賣茶，悉如馬氏故事。」[90]後周世宗允許，於廣順三年正月命劉言為武平節度使，制置武安（駐長沙）、靜江（駐桂林）等軍事，同平章事。當年六月，劉言因與王逵、周行逢在軍政利益上矛盾激化，被王逵等人囚禁，兩月後被殺害。

吳消滅危全諷勢力攻下撫州後，江西地區的抵抗勢力就只剩下虔州的譚全播了。早在後梁開平三年（909年），吳軍攻下吉州後，進抵虔州界。據有贛南州縣的盧光稠、譚全播在震驚之際，採取依偎於兩邊的應付政策，在向吳主楊隆演表示歸順的同時，也向後梁朱全忠稱臣效忠，互通款曲。後梁開平四年（910年）十二月，盧光稠病卒，譚全播擁立其子韶州刺史盧延昌襲位。延昌接受楊吳敕令，任虔州刺史，同時又通過馬殷向梁表示：稱臣於吳不過緩兵之計。後梁即命延昌為鎮南軍留後。延昌好遊獵、少謀略，約一年後，為部將黎球所謀殺。譚全播從此畏禍而避於家，稱疾謝客。黎球暴死，牙將李彥圖自立。嶺南的劉龑趁江西內亂，出兵佔領韶州。乾化二年（912年）十二月，李彥圖去世，州人擁立譚全播。譚主政後，公開放棄依違於楊吳的政策，遣使請命於梁，梁即以譚為百勝軍的防禦使。譚又著手加固虔州城牆，擴充東、南、西三方的城區範圍，增強了防禦能力。史稱「全播治虔州七年，有善政」[91]。

90　《資治通鑒》卷二九一「後周廣順二年十二月」條。
91　《新五代史》卷四十一《盧光稠傳》、《譚全播傳》。

楊吳鑒於虔州難以強力攻取，遂採納謀臣嚴可求之計，於虔州附近新淦縣置制置使，遣兵屯戍，每更番戍兵一次，即增兵一次，作加緊進行攻打虔州的戰備，而譚全播未加察覺。後梁貞明四年（918年）正月，徐溫以吳王名義以右都押牙王祺為虔州行營都指揮使，集洪、撫、袁、吉等州的江西之兵進攻譚全播。吳軍至萬安，重金雇募當地篙師操駕，順利駛過險惡之水十八灘，偷偷抵達虔州城下，並迅速將虔州城包圍。然而，虔州城防堅固，譚全播憑險固守，吳軍攻之數月不下。七月，吳軍中流行疫病，統帥王祺病卒，軍隊幾乎喪失戰鬥力。吳主以鎮南節度使劉信為虔州行營招討使，督軍攻城。譚全播一面拒守，一面向吳越、楚、閩、南漢求援。吳越王錢鏐以統軍使錢傳球為西南行營應援使，立即出兵二萬攻信州，楚王馬殷亦遣其將張可求率軍萬人進屯虔州西南的古亭、閩屯兵虔州附近的雩都，對吳國軍隊三面牽制，以解虔州之危。錢傳球的對手是九年前擊敗危全諷之後一直留守信州的淮南名將周本。吳在信州駐兵才數百人，出戰失利被圍，刺史周本巧施空城疑兵之計，召集僚佐登上城樓，照常談笑、宴樂以迷惑敵方，任憑飛矢雨集，仍安坐不動。吳越軍恐有埋伏，不敢貿進，半夜解圍而去。信州距揚州路途遙遠，吳援兵一時難以趕到。吳主於是以前舒州刺史陳璋為東南面應援招討使，出兵攻吳越蘇州、湖州，以牽制吳越救虔州的兵力。錢傳球果然撤軍南屯汀州。吳軍統帥劉信採取打近驚遠的策略，派張宣祖將兵三千乘夜擊破楚援軍，敗張可求於古亭。又遣梁詮等攻吳越、閩兵。閩及吳越聞楚軍敗，未與吳交戰即退走。此時期吳軍全力攻虔州城，然城三面阻水，又長期修治，堅固異常。城內守

軍雖已饑羸難當，又失去外援，但防禦能力仍然十分頑強。劉信晝夜急攻，九月仍挫兵於堅城之下，遂改用招撫政策，欲「取略納質而還」。執政徐溫聞之大怒，厲責劉信使者，曰：「信以十倍之眾，攻一城不下，而反用說客降之，何以威敵國？」[92]並遣劉信之子劉英彥率親兵三千人前往助攻。吳兵退而複返，譚全播不知。十一月，劉信趁對手鬆懈之際，重兵再次攻城，虔州兵潰散。譚率餘部退至雩都，劉信俘其而還。從此，江西諸州全部歸於吳國。

在五代十國南方各政權的爭奪中，處於長江中下游核心地區的江西居於重要的戰略地位，各方都極力爭取之，對盤踞江西的各種勢力極其關注。然江西境內各勢力力量弱小，且相互爭鬥，儘管他們在內政外交上也不乏努力以求生存，卻難以形成獨立的割據力量，也難逃被外來力量征服的命運。不過，江西某些地方豪強在楊吳及隨後的南唐時期依然保存有一定的實力。如《五代史補》卷四《廖氏世冑》載，南唐佔領江西後，任命鍾章為虔州刺史，鍾有意覆滅強橫的贛縣廖氏家族，廖氏決定避害而遠走湖南。廖偃「領其族暨部等三千餘具鎧仗，號令而後行，章不敢逐」。這些地方豪強儘管不能如唐末的鍾傳、危全諷、盧光稠等人那樣風雲際會，但對江西地方社會與楊吳南唐政治還是產生了相當的影響。

自楊行密創業，至其子楊渥，吳的轄區有揚、楚、泗、滁、

和、光、蘄、黃、舒、廬、濠、壽、泰、海、常、潤、升、宣、池、歙、鄂、饒、信、江、洪、撫、袁、吉、虔、筠等三十州，淮南、寧國、武昌、鎮南、忠正五節度使。由此可見，江西地區成為楊吳政權的重要組成部分。楊吳佔領江西後，設立了比較完整的行政機構進行有效統治。

二　江西與南唐攻閩擊楚

吳自楊行密死後，諸子多政治庸人，王權日漸旁落。吳末年，楊渥繼位，昏暴好殺。時楊氏舊將或誅或死或貶，存者寥寥，唯有徐溫、張顥等居權於中。徐溫原為楊行密部將，早有篡奪楊氏政權的陰謀，一直伺機而動。天祐五年（後梁開平二年，908 年），張顥殺楊渥，恐吳臣不服，欲舉全吳之地降後梁，以求庇護。徐溫利用群情激奮，趁機殺競爭對手張顥，擁戴行密次子楊渭（隆演）繼位，自己專掌朝政大權。天祐十六年（後梁貞明五年，919 年），徐溫又擁立楊隆演為大吳國王，改元武義，置百官、宗廟、社稷、宮殿、文武，皆用天子禮。二年後楊隆演病卒，徐溫又立楊行密第四子溥。徐溫執掌朝政時，其養子徐知誥廣泛籠絡朝野名流。據《釣磯立談》與《新五代史・南唐世家》載，知誥「接御史大夫，曲加禮敬，躬履素樸，去浮靡，而又寬刑勤禮，孜孜不倦」；「寬刑法，推恩信，起延賓亭以待四方之士，引宋齊丘、駱知祥、王令謀等為謀客」謀奪皇位。同時，以吳王的名義免除天祐十三年（後梁貞明二年，916 年）前百姓所欠賦稅，其餘欠稅待農業豐收後再行繳納，贏得了百姓的廣泛悅服。後唐天成二年（927 年），徐溫勸楊溥即皇帝位，事

未成徐溫病卒。十一月，楊溥稱帝，改年號為乾貞，以徐知誥為太尉兼侍中，繼續專政。後唐清泰二年（935年），徐知誥進位太師、天下兵馬大元帥，封齊王。後晉天福二年（937年）十月，徐知誥取代楊溥，自立為帝，改元昇元，以金陵為都。第二年，徐知誥複姓李，更名為昇，自稱唐憲宗子建王李恪的四世孫，改國號為唐，史稱南唐。南唐疆域承楊吳而來，「東暨衢、婺，南及五嶺，西至湖湘，北據長淮，凡三十餘州，廣袤數千里，盡為其所有，近代僭竊之地，最為強盛」[93]。江西各州縣又成為南唐的勢力範圍。

　　李昇掌權以來，在列國相爭的環境下，注重發展經濟，長期奉行「保境息民」的政策。《釣磯立談》云：李昇「大受禪年，兩江士寓，比諸侯最廣，兵力雄威，氣可以吞噬。謀臣傑將，方有建立功名之意」。陸游《南唐書》卷七載，避亂南渡的齊魯士人史虛白屢勸李昇：「中原方橫流，獨江淮豐阜，兵食俱足，當長驅以定大業，毋失事機。」但李昇以保守為重，不作理會。淮南政權對外方採取防禦為主的政策，以穩定外部大局。天福二年（937年）五月，「吳徐誥用宋齊丘策，欲結契丹以取中國，遣使以美女、珍玩泛海修好，契丹主亦遣使報之」[94]。次年，「吳越災焚，其宮室府庫甲兵殆盡。群議請其弊，諸將奮勇者頗庶。先

93　《舊五代史》卷一三四《李界傳》。
94　《資治通鑑》卷二八一「後晉高祖天福二年」條。

主不納，遣使唁之，厚饋幣粟以周其乏」[95]。承楊吳以來的積累，經李昪統治經營，南唐境內已如《釣磯立談》所云：「內外寢兵，耕織歲滋，文物彬煥，漸有中朝之風」，成為「十國」當中經濟文化最為發達的地區。南唐「比同時割據諸國，地大力強，人才眾多，且據長江之險，隱然大邦」[96]。李昪臨終，唯恐艱難創下的基業傾覆於子孫之手，將一生政治經驗交代給繼位的元宗李璟：「汝守成業，宜善交鄰國，以保社稷。」[97]《釣磯立談》記，李璟繼位之初，牢記父訓，「改元保大，善有止戈之旨，三四年間，皆以為守文之良主」。然而，隨著國力的增長，李璟在一班躁進臣僚的鼓吹下，躊躇滿志地企圖建立一世功業，擴張領土的野心也日漸顯現。不過，其經營重點不是朝野所希望的收復北方，而是南方的閩、楚政權。

早在吳大和六年（934 年），值閩國內亂，吳信州刺史蔣延徽應叛閩的建州土豪吳光之請，急於邀功而不請朝命，擅自發兵攻建州。蔣延徽敗閩兵於浦城後，進圍建州。蔣攻建州垂克，執政的徐知誥以蔣為吳太祖楊行密之婿，又與臨川王楊濛素善，害怕其奪取建州，以此為根據地，奉楊濛以圖興復楊氏政權，因而遣使強行宣召蔣罷兵。蔣缺乏朝廷支持，又聽說閩兵及吳越兵將至，遂引兵而歸，被閩軍追擊而大敗，所領士卒死傷眾多。徐知

95　《江南野史》卷一《先主》。

96　陸游：《南唐書》卷二《元宗本紀》。

97　陸游：《南唐書》卷一《烈祖本紀》。

誥貶蔣延徽為右威衛將軍，遣使求好於閩。當時徐執政未穩，並不想進攻閩地，但江淮政權以江西為基地進攻福建的情勢已明。

閩自建國以來，內亂不息，特別是王審知死後，諸子侄為爭奪君位，更是日尋干戈。閩景宗永隆五年（南唐保大元年，943年）二月，王延政據建州公開分裂閩，國號大殷，建元天德。四月，殷主王延政舉兵進攻福州閩主王延曦，入其城西郭，遭到頑強抵抗，大敗而歸。次年三月，佔據福州的閩將朱文進殺景宗王延曦自立，王延政又舉兵進攻福州，閩將紛紛擁王延政而反朱文進。五月，朱文進遣使至南唐，以求支持。正在尋找時機攻閩的李璟，欲以討伐朱文進弒君之名，出兵福州。南唐樞密副使查文徽奏請出兵伐建州王延政，因為王分裂閩王在先。朝臣多以為不可，查同黨馮延魯卻極力贊成。李璟命查為江西安撫使，偵察對閩戰役是否可行。南唐翰林待詔臧循與查同鄉裡，曾長期往來於福建經商，熟悉當地山川形勢，幫助查策劃進攻建州的方略。查到達信州，上言出兵必勝。李璟遂批准出征。南唐兵分兩路，查文徽與行營招討都虞候邊鎬領洪州兵數千人由建陽抵達蓋竹，臧循率偏師屯駐邵武，準備同時向建州進軍。這次進攻遭到福建軍民的堅決抵抗，南唐軍隊屢屢慘敗，形勢非常不利。但南唐並未放棄，一直作進攻的準備。

南唐保大四年（946年），趁福建內亂不休，李璟以何敬洙為福建道行營招討，進援查文徽。在建州人民的配合下，兵下建州，將王延政及其家屬俘送金陵，南唐置他於鄱陽，實行軟禁，封「自在王」，後改「光山王」，老死於鄱陽。取得建州後，泉、漳、汀三州刺史，都向南唐投降。南唐置永安軍於建州。南唐繼

續進攻福建最後一州福州，江西又在其中起重要作用。保大三年
（945年）五月，控制福州的李仁達聲稱歸附於南唐。當南唐取
得建、泉、漳、汀四州後，李璟欲使福州真正歸入南唐版圖。次
年八月，南唐權臣陳覺至福州不能說服李仁達入朝金陵，不願無
功而歸，行至劍州，遂矯詔發動汀、建、撫、信州兵，以建州監
軍馮延鈕為帥，欲以武力逼迫李仁達赴金陵稱臣。十一月，李璟
遣信州刺史王建封助攻福州，希望一舉佔領福州。「時王崇文雖
為元帥，而陳覺、馮延魯、魏岑爭用事，留從效、王建封倔強不
用命，各爭功，進退不相應。由是將士皆解體，故攻城不克」[98]。
李仁達又乞師於吳越，吳越趁機取福州，南唐遂一無所得。其
後，南唐勢力在閩地的反抗與吳越的壓迫下，不得不退出。來自
閩地的威脅卻不得解除，南唐不得不設兵防禦。貴溪人蔖瑗，以
司徒銀青光祿大夫、西州伯的身份領兵戍守與福建交界的貴溪，
民賴以安。蔖瑗歿後，人感其功，目所戍之山曰「蔖嶺」。宋開
寶二年（969年），南唐於地處贛東南與福建交界處撫州南城縣
置建武軍，主要目的就是為了防範閩的勢力擴張與攻擊。

馬楚長期奉事中原王朝，又為「一方富盛」[99]，有較強大的
國力，一直與淮南楊吳、南唐政權矛盾相對。楊行密、徐溫多次
欲沿長江而上攻楚，均未得手。至南唐中主李璟時代，遂又成為
其積極謀劃奪取的對象。正當南唐大敗於福建之時，楚國繼閩之

98　《資治通鑑》卷二八五「後晉齊王開運三年」條。
99　《舊五代史》卷一三三《馬殷傳》。

後，又發生兄弟爭國之亂。馬殷晚年多內寵，嫡庶無別，諸子驕奢，猜忌舊臣宿將，眾皆側目。馬殷死後，諸子為己之得，暗於大體，互相攻訐，以致競相招引南唐力量作為依靠。

南唐攻楚的基地是袁州。《讀史方輿紀要》卷八十七《袁州府》稱，「府東屏豫章，西控長沙，山水回環，迄為襟要，由江右而謀湖南，郡其必爭之所也」。唐末劉建鋒等引兵由江西出袁州襲取潭州。南唐欲圖楚，袁州遂又成為進攻的軍事基地。李璟命大將邊鎬為信州刺史兼湖南安撫使，屯兵袁州萍鄉，策劃進犯湖南。保大八年（950 年），楚武平節度使馬希萼與其弟馬希廣相爭，馬希萼得到南唐的支持而獲勝。次年，馬希萼派掌書記劉光輔向南唐入貢稱臣，南唐冊之為楚王。劉見馬殺戮無度，縱酒荒淫，不親政事，乃向李璟密報：「湖南民疲主驕，可取也。」**100**李璟遂詔令邊鎬在袁州作好軍事進攻準備。九月，楚馬希崇囚其兄楚王馬希萼於衡山，自稱武安留後，衡山將士則立希萼為衡山王，皆求援於南唐。李璟認為取楚的時機成熟，命邊鎬率兵萬人自袁州向潭州長沙進發，十月，大軍入城，馬希崇投降。十一月，南唐令馬希崇、馬希萼舉族入朝。十二月，李璟以馬希萼為江南西道觀察使，居洪州，仍給楚王名號。同時於高安建筠州，以監督馬希萼，隔斷他與潭州的連繫。然而，南唐勢力在楚地並沒有維持多久。駐守潭州的最高統帥邊鎬雖有一定的軍事才幹，卻乏行政能力。在其治下，湖南法令混亂，民心漸失。邊鎬更無

100 《十國春秋》卷六十七《恭孝王世家》。

力制服各懷野心的原馬楚諸將。吉水人歐陽廣曾上書李璟，稱：「鎬非帥才，必喪湖南，宜別擇良帥，益兵以救其敗。」[101]李璟沒有重視這一有遠見的上書，反而在潭州尚未穩固的情況下，又以袁、吉鄉兵為主力與南漢爭奪郴州、桂州，均大敗而歸。其後，李璟又令邊鎬收服朗州。保大十年（952年），楚朗州兵將反攻潭州，邊鎬力不支，又得不到支援，大敗而逃。至此，南唐在楚地力量崩潰。

江西本處南唐後方而少有戰事，經濟穩步發展，卻因志大才疏的李璟不斷發動的戰爭使負擔不斷加重。南唐對閩、楚的作戰，耗竭了大量的人力、物力、財力，早在南唐謀劃進攻福州時，「唐主以江州觀察使杜昌業為吏部尚書，判省事。先是昌業自兵部尚書判省事，出江州，及還，閱簿籍，撫案歎曰：『未數年，而府庫所耗者半，其能久乎！』」[102]更為嚴重的是，這場耗損國力的戰爭卻最終沒有取得什麼成果。史言：「閩土判渙，竟成遷延之兵；湖湘既定而複變，地不加辟，財乏而不振」，「未及十年，國用耗半。」[103]江西作為進攻閩、楚的重要後方基地，其損失雖沒有具體數目，然相當巨大應是無疑問的。據《五代詩話》卷三「李建勳」條記，李建勳理臨川時，「及馮延魯、陳覺出兵閩中，征督軍糧，急於星火，建勳以詩寄延魯曰：『粟多未

---

101 《資治通鑒》卷二九一「後周太祖顯德元年」條。
102 《資治通鑒》卷二八五「後晉齊王升運三年」條。
103 《資治通鑒》卷二九一「後周太祖顯德元年」條。

必為全計，師老須防有援兵。」」這至少說明江西承擔了相當重的後勤任務。當南唐致力於南方戰事時，北方的後周日漸強大，構成對南唐的嚴重威脅。南唐對閩、楚作戰後，本應抓緊時機，發展生產，增加賦稅收入，儘快彌補對閩、楚作戰的巨大物資消耗，並作好防禦後周南下的物資儲備。可是，南唐統治者為了形式上加強淮南防禦，在淮南強行奪民田作為屯田，徵發洪州、饒州、吉州、筠州等地百姓自帶耕牛遠到楚州、常州修建陂塘，灌溉屯田。致使包括江西在內的江南一帶百姓怨聲載道，控告無門，只得焚香於野外向著天哭訴。江西地區雖沒有作為戰場，也極大地承擔了南唐對外戰爭的惡果。

三　江西人士與楊吳南唐政治

　　唐末五代以來的江西地方人物，除了少數自己率領部眾揮戈執戟，建立地方割據政權外，大多數士人投身於各色政權，出謀獻策，充任臣吏，有的甚至成為舉足輕重的人物，活躍在五代政壇上的江西人士空前地多。如德興人童發，仕後晉為都統功曹，遷尚書僕射；贛縣人廖光圖為馬殷幕下天策府學士；南昌人王定保官至南漢中書侍郎、同平章事。不過，由於楊吳、南唐政權統治江西，江西人士自然更多地聚集其中。馬令寫入《南唐書》傳記的就有周彬、夏寶松、江夢孫、沈彬、毛炳、顏詡、陳喬、魯崇范、李德柔、宋齊丘、李征古、劉洞、郭昭慶、蕭儼、盧絳、劉茂忠、潘賁、羅穎等十八人，他們分別在治軍打仗、參政治民、經術文學諸領域展示自己的才智，作出了不同的貢獻。布衣徐善被烈祖楊渥召見，以其「良士也」，「歙州刺史陶雅聞而異

第一章・政治經營與軍事鬥爭

121

之，辟善為從事。高祖楊隆演時，官中書舍人」[104]。楊彥伯，唐末時童子科及第，因亂還鄉，後「江西平，彥伯仕於高祖，累官戶部侍郎」。睿帝楊溥時，「詔彥伯攝門下侍郎行事」[105]。江夢孫，「博綜經史，立行高潔」，大和（929-934 年）中，「中書令徐知誥表為秘書郎」，但江氏「平小讀書欲小試於治民，求為縣令」，遂補天長令。「夢孫治縣寬簡，吏民安之。逾年，棄官去，縣人號泣，送之數十里」，「葬之日，自遠方至者幾千人，而喪服者百許」[106]。陳濬「有史才，事睿帝為中書舍人，翰林學士，撰《吳錄》二十卷，官終尚書」[107]。在楊吳南唐政權中，表現最為突出、影響最大的士人則是宋齊丘。

宋齊丘（887-959 年），或作宋齊邱，字子嵩，廬陵人，一說為萬載人。其父宋誠與鐘傳同起兵，高駢上表鐘傳為洪州節度使，以宋誠為副，「卒官，因家洪州」[108]，因又作豫章人。宋齊丘在洪州生活約二十年，受到家庭與環境的影響「好學，工屬文，尤喜縱橫長短之說」，他作《鳳凰台詩》云「安得生羽翰，雄飛上寥廓」[109]，抒發自己遠大的志向。唐朝統治的名存實亡，割據紛爭的社會實際，提高了「縱橫長短之說」的社會價值。鐘傳告誡子侄輩「士處世尚智與謀」，正是對傳統縱橫思想的看重

---

104 《十國春秋》卷九《徐善傳》。
105 《十國春秋》卷九《楊彥伯傳》。
106 《十國春秋》卷十《江夢孫傳》。
107 《十國春秋》卷十一《陳濬傳》。
108 陸游・《南唐書》卷四《宋齊丘傳》。
109 馬令・《南唐書》卷二十《宋齊丘傳》。

與提倡。唐末五代之際複雜多變的政治、經濟、軍事形勢，又使宋齊丘風雲際會。鐘傳卒後，宋齊丘至淮南投奔徐知誥（李昪），憑其見識與學術，讓徐「朝夕諮訪政治」。

　　唐末以來的戰亂，對社會經濟造成嚴重破壞，能否恢復農耕、愛惜民力是穩定統治的先決條件。宋齊丘積極幫助總掌楊吳行政大權的徐知誥，圍繞「定民科制，勸課農桑，薄征輕賦，禁止非徭」[110]，對楊吳經濟進行了規劃，其中最重要的政策是「差管興版簿」。政府遣人至各地核查土地大小及品質，依土地品質定為上、中、下三等。長期戰爭及人口大量流動，使原有的土地關係被破壞，此舉確認了戰爭之後重新整合過的現有土地關係。以此為依據，重新核定賦稅，「厥田上上者，每一頃稅錢二貫一百文；中田一頃稅錢一貫八百；下田一頃千五百，皆足陌見錢，如見錢不足，許依市價折以金銀，並計丁口課調，亦科錢」[111]。從此，其政府有穩定稅收，而人民也可稍免貪官盤剝之害。

　　順義年間（921-927 年），宋齊丘提出徵收實物，提高綢絹市價，免除丁口課調的賦稅政策。《資治通鑒》卷二七〇「後梁均王貞明四年」條載：「先是，吳有丁口錢，又計畝輸錢，錢重物輕，民甚苦之。齊丘說知誥，以為『錢非耕桑所得，今使民輸錢，是教民棄本逐末也，請蠲丁口錢，自餘稅悉輸穀帛。絹匹直千錢者稅三千』。」宋齊丘還採用虛抬時價之策：絹每匹由五

---

110 《江南野史》卷一《先主》。
111 許載：《吳唐拾遺錄》，見洪邁《谷齋續筆》卷十六。

百文抬為一貫七百，絹每匹六百文升為二貫四百，綿每兩十五文漲為四十文，皆足錢。這一政策抑制商人低價收購，保護了生產者的利益。據許載《吳唐拾遺錄》記，這些經濟政策頒布後，朝議譁然，一些官員認為這將使政府稅收銳減，而宋齊丘提出「安有民富而國家貧者邪！」徐知誥肯定了宋的意見，推廣其政策，取得了顯著成效，「不十年間，野無閒田，桑無隙地」，國以富強；由於這些政策既有現實性又符合歷史趨勢，影響深遠，受到後人讚賞，「自吳變唐，自唐歸宋，民到於今受其賜」。中國封建社會中期以後，賦稅形式轉變趨勢是以貨幣稅代替實物稅。但是，這種轉變的基礎是商品經濟的日益發達，在戰亂以後，封建國家面臨的首要經濟問題是生產凋敝、物資匱乏，在此條件下難以有發達的商品經濟。從楊行密時代至徐知誥時代，楊吳經濟政策的一貫核心是發展農業生產，以穀帛稅代替貨幣稅的措施，鼓勵耕織，這在當時的吳是現實且積極的政策，有效地推動了經濟的發展。王夫之盛讚這一政策：「楊氏之有國者，西北不逾淮，東南不過常州，南不過宣州，皆水國也。時無冬夏，日無晝夜，舟楫可通，無浹旬在道之久，無越山閘之難，則所輸粟、帛，無黬敝紅朽之患，民固無推穀經時之費，無耗蠹賠償之害，惡得而不利也？地無幾，稅亦有涯，上之受而藏之也，亦不致歷年未放、淹滯陳腐之傷，上亦惡得而不利也？且于時天下割裂，封疆各守，戰爭日尋，商甲不通，民有餘之粟帛，無可貿遷以易金錢，江淮之間無銅、鉛之產以供鼓鑄，而必待錢於異國，粟、帛滯而錢窮。取其人餘，不責其不足，耕夫紅女，得粒米寸絲而可

應追呼，非四海一家，商賈通而金錢易得之比也。」[112]而廢丁口錢，減輕人民負擔，也減弱了人民對封建國家的人身依附關係，這是歷史發展之大勢所趨。

文教荒廢，是動亂時代的通病。吳與南唐統治區內仍可讀書，為士人奔趨所在。這也與宋齊丘的作為相關。宋齊丘初到淮南，即「說先主廣延儒素」，襄助徐知誥整頓庶政之後，「又說以虛懷待士，博訪藝能，遂立延賓亭，招納賢豪」[113]，於是四方賓旅之人接踵而至，盧山國學在昇元中創辦，科舉考試也於保大十年（952年）舉行。

宋齊丘對徐知誥的輔助，既有利於楊吳政權的穩定，更促進了南唐政權的建立。當楊吳末年政局混亂之時，宋齊丘力勸徐知誥移居京口，遂能比在金陵的徐溫更快知道揚州事變，及早平定朱瑾之難，獲得執掌朝政的大權。陸游《南唐書‧宋齊丘傳》載：徐知誥居揚州輔吳政期間「為築小亭池中，以橋渡，至則徹之，獨與齊丘議事，率至夜分。又為高堂，不設屏障，中置灰爐而不設火，兩人終日擁爐畫灰為字，旋即平之」。可見宋齊丘在徐氏奪楊氏政權的過程中起過關鍵作用。馬令《南唐書‧宋齊丘傳》認為：徐知誥「輔政，勵精為理，修舉禮法，以遏強眾，親附卿士，寬徭薄賦，人用安輯，齊丘頗有力焉」。《釣磯立談》記，史虛白認為：「宋子嵩以布衣幹烈祖，言聽計售。遂開五十

---

112 《讀通鑑論》卷二十八《五代上》。
113 《江南野史》卷四《宋齊丘》。

三州之業，宗祀嚴配不改唐舊，可謂南國之宗臣矣。」徐知誥取代楊吳即帝位之後，宋齊丘任丞相；徐臨終時，召宋齊丘受顧命，托以後事。中主李璟時期，朝中大臣倡言：「宋公本造國手。」在與後主交兵之際，揚言「國老宋齊丘，機變如神，可當十萬（兵）」[114]。又傳言周世宗曾對求和的李璟言：「朕與江南大義雖定，然宋齊丘不死，殆難保和好。」[115]所有這些言論，都說明宋齊丘對南唐政治的影響與作用十分突出。

歷史的遺憾是，宋齊丘個性褊急，恃功自傲，又捲入朝中黨爭，導致其官場命運多蹇。宋氏初以謀略見用於徐溫養子徐知誥，但其為人品格深為徐溫所惡，以至十年為殿直軍判官。徐溫卒後，徐知誥執政，始擢為右司員外郎，以後遷官迅速。徐知誥也在宋齊丘的輔佐之下，勢力大增，奠定了稱孤道寡的基礎。徐知誥（李昇）建唐代吳，宋因私心不得滿足，非但未能以謀主首倡其議，反以言阻之，初受冷落，只得有名無實的司徒一職。宋「不勝其忿」，公然面責李昇說：「臣為布衣時，陛下亦一刺史耳。今為天子，可不用老臣矣！」拂衣而出[116]。李昇為感擁戴之恩，還是予以宋參與國家管理的機會，任命他為丞相同平章事，兼知尚書省事。其間，宋曾建議離間後晉與契丹關係，以穩定南唐北方形勢。但宋在任，「悉取朝中附己者，分掌六司，下及胥

---

114 馬令：《南唐書》卷二十《宋齊丘傳》。
115 《江南野史》卷二《嗣主》。
116 陸游：《南唐書》卷四《宋齊丘傳》。

吏，皆用所親吏視事」[117]。特別是他徇私包庇犯盜官錢罪而應處死的門人夏昌圖，引起李昇極度不滿。昇元六年（942 年）李昇出宋為鎮南節度使，駐洪州，滿足其衣錦還鄉之心意。宋在洪州任內，「委任群小，政事不治，所居舊裡愛親坊改為衣錦坊，大啟第宅，窮極宏壯。居坊中人皆使修飾牆門巷極備華潔，民不堪命，相率逃去，坊中為之空」[118]。宋自認為建唐首功非他莫屬，多次向李昇邀功請賞，又廣樹親信，培植勢力，李昇對他由親信轉為反感，至晚年，事實上不讓宋參與政事。元宗李璟即位後，宋齊丘拜中書令，又與權臣陳覺、魏岑等相附結，保大元年（943 年）罷為鎮海節度使。宋求歸九華山，賜號九華先生，封青陽公。四年複為太傅兼中書令，封衛國公，與馮延巳兄弟、陳覺、李征古、魏岑、查文徽等結党，和孫晟、韓熙載、常夢弼、江文蔚、李德明等人的另一黨，相互攻訐不已。五年複罷為鎮南節度使。後周初伐唐時，宋任為太傅。北軍曾失利，眾將欲扼險要擊，宋卻縱其歸以為德，致使失壽州，最終失淮南。此時，宋深感根基動搖，竟謀劃篡位。《十國春秋》卷二十六《陳覺傳》載，「會司天言天文變異，人主宜避位祈禳。元宗曰：『此固吾意，第不知孰可付耳。』（陳）覺與（李）征古遽以為誠言，輒曰：『天命如此，宜使宋公攝政，陛下深居禁中，臣時得入奉，從容閑譚釋老。俟國事定，歸政未晚。』」這一事件使君臣之間

117 馬令：《南唐書》卷二十《宋齊丘傳》。
118 馬令：《南唐書》卷二十《宋齊丘傳》。

的緊張政治關係進一步惡化，最終導致宋黨集團的覆滅。後周顯德五年（958 年）十一月，李璟貶斥宋齊丘。宋自放歸九華山，被幽於私第。次年正月，宋因不堪其辱，自縊而死，諡醜繆。在宋人的評論中，宋齊丘被指斥為欺君誤國的權奸，大致與事實相符，但南唐君主的所作所為也有一定的責任。李璟不以大義曉諭群臣，遇事優柔寡斷，是非不分，賞罰不明，也是造成人心渙散、君臣離心離德的重要因素。史評元宗朝既無「足以救國之危削」的「真儒」，而元宗本人也非安邦定國的「明禮」之君。因此，「保大以來，國謀顛錯，民困財匱，百度隳紊」，也不無道理[119]。

除宋齊丘外，在南唐政權中還有一批江西人，其中影響較大的是蕭儼、李征古、郭鵬等人。蕭儼，字茂輝，廬陵人，生於吳天祐四年（907 年）。幼奇敏，十歲時至廣陵，感受著楊行密政治氛圍的薰染，養成志量穩正、交友不苟合的性格。以童子擢第，稍長，授秘書省正字。徐知誥取代楊吳，任蕭儼為大理司直、刑部郎中，掌律法、按覆大理寺及全國各地上奏諸案件。他審案「明清平恕，號稱職」。中主、後主兩朝，升任大理卿兼給事中。在職彈劾不阿權貴，對於君主的昏聵他也敢於直諫。當初烈祖李昪輔佐楊吳，禁止私買奴婢。烈祖去世時，宰相馮延巳與弟延魯草擬遺制，刪去此一禁令，說「許民私賣己子」，蕭儼駁斥說：烈祖已下令「禁以良人為賤賣奴婢」，怎麼會在遺詔中改

119 尤名氏《釣磯立談》，四庫全書本。

變；當年正是馮延魯「疏請聽民鬻子」，李昪徵求了蕭儼的意見後，下達禁令的「故知其矯先旨也」。然而，「議者以遺詔已出，不可改，遂行」，豪民廣置妓妾的現象依舊盛行。江文蔚、韓熙載建議烈祖入祀太廟稱「宗」群臣無異議。蕭儼獨曰：「中興之主廟號應稱『祖』，先帝振興已墜之基業，不應該屈而稱『宗』。」於是採納了他的建議。調任大理卿兼給事中。有一次判案失當，罪輕罰重，用事者要殺他，賴宰相馮延巳力爭，認為赦前失人，罪不當死，貶為南昌令，不久，仍復舊官。南唐中主李璟元年，命其弟李景遂為兵馬大元帥，二弟李景達為副元帥。二年（944年），李璟敕齊王李景遂參決各項政務，群臣有事啟奏均由景遂決斷。只有樞密副使魏岑和查文徽能進宮奏事，其他人除非召對，不得入宮。蕭儼上疏：「去年元帥開府，人還不免驚駭，何況委以國家大政？而群臣不得及時進見，宮中與宮外隔絕，讓奸人有隙可乘，不是陛下之利。」李璟沉默而不作答覆。李璟在宮中建造高樓，召集群臣觀看，大家稱讚這樓造得異常精美。蕭儼說：「可惜樓下無井。」問他此話何意。他說：「因此比不上景陽樓啊！」景陽樓是南朝陳後主為淫樂所建，樓下有井，禎明三年（589年），隋將賀若弼、韓擒虎攻入建康時，與寵妃張麗華投井，後主束手就擒，人稱此井為「辱井」。李璟怒，貶蕭儼為舒州副使。南唐後主李煜初立，耽於嬉遊。有一次，蕭儼入宮奏事，後主正與寵倖的侍從在下棋，不願分身過問。蕭儼上前掀翻棋盤。後主大怒道：「汝與魏徵孰愈？」蕭儼凜然回答：「臣若非魏徵，陛下亦非太宗矣。」後主無言以對。宋平定江南，南唐滅亡，蕭儼年已七十，稱病居鄉里。終生秉身

方直，卒時「至無一金」[120]。徐鉉贈以詩：「江海分飛二十春，重論前事不堪聞，主憂臣辱誰非我，曲突徙薪惟有君。金紫滿身皆外物，雪霜垂領便離群。鶴歸華表望不盡，玉笥山頭多白雲。」[121]

李征古，宜春人，與宋齊丘有親戚關係，昇元末年舉進士第，曾為齊王李景達宮官。保大十年（950 年）任袁州刺史，嘗以其私財百萬代其鄉輸稅，後官至樞密副使，與樞密使陳覺共掌機密，參與朝政。但其「議事元宗前，橫甚，無人臣禮」[122]，又党附宋齊丘，李璟極為不滿。後周進兵淮南，陳覺遭指控有矯周世宗命欲殺宰相嚴續之謀，被誅殺。李征古以牽連，被李璟削奪官爵安置洪州，賜死。

郭鵬，永新人，保大初進士，官至大理司直。或告故南平王鐘傳夫人與僧通姦，大理卿蕭儼依法議徙，郭鵬認為「法行自貴始」，宜重判，曲法將她處死[123]。後以宋齊丘同黨而免官。其子郭昭慶博學善著作，撰有《唐春秋》三十卷、《治書》五十篇、《經國治民論》等。中主李璟示意郭昭慶參加進士考試，他上書鳴不平，說「補綴雕蟲，臣自少恥而不為」。授揚子縣尉，他辭而不受，歸禾川。後主李煜擢郭昭慶為著作郎。凡南唐與北宋箋表文辭，皆昭慶所作。徐鍇、徐鉉弟兄與郭昭慶不相能，鍇使人

---

120 《容齋隨筆》卷二十二《硝儼》。
121 《全唐詩》卷七五六徐袚《送珀尚書致仕歸廬陵》。
122 《十國春秋》卷二十六《李征古傳》。
123 《十國春秋》卷二十八《郭昭慶傳》。

置鴆酒毒殺之。

楊吳、南唐時期，江西士人因地理政治和時代形勢的機緣，紛紛進入政權，發揮和貢獻自己的能力，對政權以及江南地方社會產生了深刻的影響。

四　南唐江西農民鬥爭

南唐中主李璟志大才疏，輔佐乏人；內外臣僚腐朽之風日漸滋長，殘暴貪濁者與日俱增；連年對外用兵，不僅使庫存蕩然無存，而且不斷以增加賦斂來補充軍費的不足。江西作為朝廷重要的財賦來源地和對外戰爭重要的後方基地，承受著日益沉重的負擔，加上本區地方豪強勢力的明爭暗鬥，使階級矛盾不斷加深，一定規模的農民起義在本區時有發生。

吉州盧陵縣民吳先等人，不堪忍受日益加重的剝削，招集破產農民進行反抗。他們據守在吉水縣西北五十里的鷗鴣洞，依據險要地勢在四面山口築寨抵抗官軍和攻擊富豪，平時耕作，內有數百畝農田可維持生活。陸游《南唐書・劉茂忠傳》載，吳先「善用大」、「狡有謀，且據岩險，不可捕」，率起義軍轉戰於盧陵等地，沉重打擊了當地豪強地主及州縣官吏，受到貧困農民的擁護。史稱「盧陵群盜充斥，州兵不能制，上憂之」[124]。此時江西境內又有上江「群盜」數百人，在趙晟、蕭榮領導下「深潛岩

穴，出恣暴惡，官健不習險阻，發捕屢年不獲」[125]，使南唐統治者大為困窘。這兩支活躍於江西地區的農民起義軍，後來均被安福土豪劉茂忠所鎮壓。劉茂忠自小略通經史，不事產業，以豪縱自居，是一個有才幹又頗為人害的地方豪酋。官府將其捕獲後，將處以死刑，「會赦貸死，與其徒黨各被械繫於金陵，籍為官卒」[126]。為將功折罪，劉茂忠請求擒殺吳先。他首先潛入趙晟起義軍中，與官府裡應外合，鎮壓了起義軍。又「鞭所親信二人，使佯為得罪，奔先，示以鞭創，先果信而勿疑」[127]，不到一月，內奸即伺機殺害了吳先。義軍群龍無首，在劉茂忠的進攻下很快潰散。劉茂忠因鎮壓義軍有功，被南唐政府封為「吉州兵馬都押衙」。

受地理形勢的影響，南漢張遇賢起義轉戰贛南，推動了贛南農民鬥爭的展開。唐天祐二年（905 年），以鎮壓農民起義軍而起家的軍閥劉隱，建立了以廣州為中心，包括潮、容、邕、韶諸州的南漢政權。到劉龑統治時，他本人昏庸殘暴、荒淫腐敗，以苛虐為樂事，與隋煬帝比豪奢，自詡為風流天子。人民「若踞爐火」，咒罵劉龑為「蛟蜃」。他的兒子們昏庸殘暴更是有過之而無不及。南漢社會矛盾尖銳，嶺南人民反抗鬥爭此起彼伏，循州（治今廣東惠陽東南）境內有很多支小股農民起義。南漢大有十

---

125 《江南野史》卷十《劉茂忠》。
126 《江南野史》卷十《劉茂忠》。
127 《江南野史》卷十《劉茂忠》。

五年（942 年），循州博羅縣小吏張遇賢以「神靈」相號召，率眾在博羅鎮起義，並收集其他起義隊伍，建號「中天八國王」，改元永樂，署置百官。起義軍皆穿經衣，號稱「赤軍子」。統一後的起義軍聲威大震，迅速佔領循州及番禺以東的惠州、潮州等地，把起義活動擴大到沿海鄉村島嶼。南漢政權派越王劉弘昌、循王劉弘杲統兵鎮壓，均不能取勝。南漢應乾元年（943 年）七月，南漢軍隊在萬景忻指揮下進行反撲，在循州境內擊敗起義軍。起義軍接連敗陣，乃請於「神」，回答說：「可過嶺取虔州，當成大事。」[128]張遇賢遂率軍退出循州，避開敵人主力北上翻越大庾嶺，進逼南唐江西的虔州。

南唐虔州兵力薄弱，又是大山區，洞穴多布山崖，那裡的群眾亦正在紛紛起義，正是農民軍生存、發展的最佳地區。張遇賢起義軍殺進虔州境內，進攻南康縣，駐守虔州的百勝軍節度使賈匡浩毫無防備、抵擋不住，而起義軍嚴懲貪官污吏，燒毀官府倉庫，得到虔州貧苦百姓的大力支持，隊伍很快擴充了十幾萬人，虔州屬縣很快都被攻克，賈匡浩遂「閉門登陴不敢出」[129]，固守虔州孤城。起義軍久攻不下虔州城，於是移住虔州境內的白雲洞（于都縣西四十里白雲峰下），三個洞上下連接，每洞可容納百餘人。這裡地勢險峻，易守難攻，張遇賢以之作為根據地，建造宮室、官署和兵營，並「遣將四出剽掠」。「（南唐）虔守輕之，

128 《十國春秋》卷六十六《南漢・張遇賢》。
129 陸游：《南唐書》卷五《邊鎬傳》。

帥兵屢擊皆失利。眾奄至空山，去城十餘里為營。」[130]位於虔州城南的空山，「山多材林、果實食物。一郡皆資此山，雖名空山，其所出物，百倍於他山」[131]，空山寬裕的物資基礎為起義軍提供了堅強的後盾。張遇賢的十餘萬起義軍進入虔州，並敗虔州地方軍隊，南唐統治者大為恐慌，李璟害怕義軍向境內腹地深入發展，緊急下令懸賞鎮壓，稱「如所在百姓及徒黨中，有能擒斬茂賢（張遇賢）者，不計有官無官，並賜三品，賞錢一萬貫、莊一區，並已分產業，並永放苗稅差役，傳之子孫，此恩不改；若能同心計畫，及數內或擒獲得稱王、稱統軍、軍使之屬，並次第首級，止於一隊一寨頭領者，即約此例等降優賞，放免苗稅差役……」[132]以此引誘起義軍內部的投機分子，分化瓦解起義軍。並下詔免除虔州各縣租稅，以收買人心，企圖切斷廣大群眾與義軍的連繫，迫使義軍孤立作戰。這年十月，南唐又急派通事舍人邊鎬和洪州屯營都虞候嚴思禮，各率數千士兵進入虔州。邊鎬素善籠絡人心，他起用虔州土豪白昌裕為謀主，「刊木開道」[133]，從義軍營盤背後偷襲白雲洞。義軍雖然初戰告捷，但因身處異鄉，人地生疏，尤其少有政治軍事才能的領袖人物，屢戰失利，士氣沮喪。在嚴思禮、邊鎬軍隊的偷襲下，張遇賢力不能支，不得不從白雲洞撤出。關鍵時刻，義軍將領李台見形勢不利，將張

130 《江南野史》卷二《嗣主》。
131 《太平寰宇記》卷一〇八《贛縣》。
132 《全唐文》卷八七九徐令玄《招討妖賊制》。
133 《資治通鑑》卷二八三「天福八年十月」條。

遇賢、黃伯雄等義軍領導人縛送南唐軍，邊鎬將他們解送到金陵後殺害。

張遇賢起義歷時一年多，轉戰大庾嶺南北，發展到十餘萬人，震動南漢、南唐兩國，為南方諸國所罕見。張遇賢以「中天八國王」為號召，就是要求統一當時並存後晉、南漢、南唐、吳越、楚、閩、南平和後蜀等八個分立政權，表達了人民要求反對軍閥割據、建立統一政權的願望；建年「永樂」，或包含著反對暴政、要求永得安居樂業之意，這些都無疑具有積極進步的意義。失敗的主要原因在於沒有識見的軍事政治人才充當領袖和謀主，只靠宗教迷信維繫人心，沒有積極的政治口號，因此很難廣泛深入發動群眾並長期堅持鬥爭，所以雖然在勢力強盛時，所向皆捷，一遇失敗，便驚惶失措，乃至於離開熟悉又有群眾基礎的嶺南，進入人生地疏的虔州一帶。獲得初戰勝利後，又不能取得當地民眾的支持以穩定自己；遇到挫折後，又不敢流動作戰，尋找敵人的薄弱環節去重創敵人，反而固守一處，給敵人提供了圍殲的有利時機。

南唐統治時期的江西各地人民的反抗鬥爭，前段往往與地方割據勢力交織在一起，後期是對割據統治者的鬥爭。江西的農民起義，規模不大，影響有限，主要原因：一是當時江西的社會秩序相對穩定，經濟還在持續向上發展，人們的生存危機還不是十分嚴重；二是起義發生之地，是江西自然經濟程度較高的地區，民眾的共同鬥爭意志缺乏。不過，江西農民起義的發生，迫使統治者實行了一些改良政策，也在一定程度上推動了江西社會的向前發展。從統治者的角度言，鎮壓了江西農民的反抗鬥爭，有利

於穩定當地統治秩序，鞏固政權後方，這也許是南唐後期擇都南昌的重要基礎。

五 李璟遷都南昌

吳、南唐在五代十國中政局穩定的時間較長，大約近半個世紀。自後周發起淮南戰事後，南唐政局進入不穩定階段。周世宗柴榮改革政治，國力強盛，積極推進統一事業。他於顯德二年（955 年）十一月開始，發兵南下，連挫南唐主力，奪取淮南州縣。顯德三年來遠鎮（今安徽安豐縣境）一戰，斬南唐主將劉彥貞以下萬餘人，「伏屍三十里，收軍資器械三十餘萬」[134]。顯德四年，攻陷楚州，使南唐防禦使張彥卿「與軍十萬戰而沒，無一生還者」[135]。顯德五年，周軍全占南唐江淮之間的揚、楚、壽、泰、濠、泗、海、和、盧、滁、舒、光、黃、蘄十四州。在周軍奪取濠州時，南唐團練使郭廷將以城降，脅迫擔任濠州錄事參軍的鄱陽人李延鄒草降表，李「責以忠孝，不為具草」，並投筆大呼「大丈夫死耳，終不負國為叛臣作降表」，終被害[136]。

江淮諸州淪陷後，南唐北部邊境盡失，與後周隔江相望，中主李璟被迫遣使求和，請為附庸、去帝號、稱國主、奉正朔、歲輸土貢數十萬。乞和雖如願，威脅卻未消。顯德六年（959 年）

---

134 《資治通鑑》卷二九二「後周世宗顯德三年正月」條。
135 《資治通鑑》卷二九三「後周世宗顯德四年三月」條。
136 《十國春秋》卷二十七《李延鄒傳》。

六月，周世宗對南唐入貢使者說：「吾與江南，大義已定，然慮後世不能容，可及吾世修城隍，治要害，為子孫計。」[137]南唐君臣十分清楚，中原統治者不會滿足於劃江為界，一俟時機成熟，必然舉兵席捲江南。因此淮南戰敗不久，鑒於國都金陵僅憑長江臨敵，李璟一方面加固金陵城防，一方面考慮遷都。南唐交泰二年（959年）七月，李璟與官僚們商議遷都時聲稱：「建康與敵隔境，江又在下流……今吾移都豫章，據其上流，而制其根本，上策也。」[138]自唐末張雄、馮宏鐸據昇州以來，經過楊吳、南唐數十年的整治，六朝故都金陵早已不復唐代「吳宮花草埋幽徑，晉代衣冠成古丘」的荒涼景象，而成為繁華冠於當時的大都市，城中分布著或豪華或精巧的皇家宮廷、園林，以及顯貴們的豪宅。這些人當然不願捨棄苦心經營的產業，李璟遷都之議在朝廷引起一片反對，唯有樞密使唐鎬表示附和。素來懦弱無主的李璟在此時表現出異乎尋常的決斷，以「國境蹙弱」，決計遷都。經過數月籌備，於十一月建洪州為南都南昌府。洪州地處長江中游、南唐統治的腹地，軍事地理形勢相對優越。當時與外界的連繫以水路為主，從金陵赴洪州，需溯長江而上，過彭蠡湖進入贛水方能抵達。與建康相較，自是更安全。若以此為基地，先實行以退縮防守戰略，養精蓄銳，憑藉長江中游之有利地形及南唐水軍的優勢，等待時機，以圖中興，也不失為可行的權宜之策。歷

---

137 《十國春秋》卷十六《南唐元宗本紀》。
138 《江南野史》卷二《嗣主》。

史上割據長江中下游的政權，往往把它作為國都的選擇。漢末三國時期，豫章就是孫權擇都的物件之一；東晉蘇峻之亂後，也有人提議移都豫章。

宋建隆元年（960 年），後周大將趙匡胤代周建宋，更加積極地實施統一南方的方略，在開封大練水軍。十一月，彭澤縣令薛良投奔宋朝「且獻平南策」。李璟聞之恐懼異常，「遂決遷都之計」[139]。翌年二月，留下太子從嘉（李煜）鎮守金陵，自己率六軍百司從建康起程，溯長江向南昌進發，「旌麾會仗衛，六軍百司，凡千餘裡不絕」[140]。遷都途中，李璟仍不忘逍遙取樂。船至當塗，大擺宴席；及至江州，遍覽廬山勝景，賦詩談宴，流連十餘天。當時隱居江州的名士史虛白麵見李璟，呈「風雨揭卻屋，全家醉不知」聯，李為之變色[141]。三月，李璟到達南昌。南唐歷經戰爭重創之餘，本財力困頓，這次規模巨大的遷都，又給沿途人民增添了負擔。南昌城本藩鎮之地，一下子湧進朝廷文武百司、大批官僚及隨從人眾，「城邑迫隘，官府營廨，十不容一二，力役雖繁，無所施巧，群臣日夜思歸」[142]。五代十國之時的各個政權雖被稱為「國」，其實只是經過複雜的政治軍事鬥爭，在一定地域內建立了統治的地方割據，除其統治集團的利益外，君臣並無更為深刻的道義紐帶，絕大部分臣僚更為關心自身的政

---

139 《續資治通鑒長編》卷一「宋太祖建隆元年十一月」條。
140 陸游：《南唐書》卷二《元宗本紀》。
141 《江南野史》卷八《史虛臼》。
142 《續資治通鑒長編》卷二「宋太祖建隆二年三月」條。

治、經濟利益，而無效忠朝廷之心。至於普通民眾，所希望的是統治者能減輕剝削壓迫，王朝的興亡與其並無大相干。南唐遷都南昌，雖擺脫了步步緊逼的追兵，獲得了暫時的安逸享樂，但畢竟是帝王的流亡生涯。隨李璟遷至洪州的文武百官無心與他共患難，不時抱怨洪州的居所迫隘，生活困難，無法與金陵相比。李璟從當初年輕氣盛，慨然而有定中原之志，到這時喪師失地，被迫退縮致洪州一隅，且招致滿朝怨聲，便徹底灰心喪氣。遷都並未達到原來的目的，李璟也流露出悔意，有時回望金陵方向，不禁潸然淚下。南唐君臣上下情緒極壞，遂覆議東遷。李璟未及行而發病不起，於六月病死長春殿，建都一夢隨風而逝。李璟遺囑留葬洪州西山，但是後主李煜違背父願迎梓宮還金陵。南昌作為南唐的都城，前後約四個月，而其南都的建置則維持到開寶八年（975 年）宋滅南唐為止。

南唐此次遷都南昌時間極短，卻是江西歷史上唯一一次建都活動。李璟在城中大興土木，營建長春殿、澄心堂，修築鳴鑾路，按照京城的體制改建南昌城。明代文人王仲序追述此事時曾賦詩《鳴鑾路》云：「長衢通輦路，宛馬競紛紜。帝子淩風去，鑾聲盡日聞。雜花迎隊繞，嫋柳看分行。千載宸遊地，臨歧惜別君。」可見南唐建都對南昌市政建設起了一定的作用，也給後人留下了悠悠懷古之心情。

六　南唐最後的支撐

南唐後主李煜統治時，隨著形勢的惡化，國土日漸蹙迫，江西地區的重要性愈加顯著。《十國春秋·李元清傳》載，李煜統

治初年，李元清為永新制置使時，永新「夏賦准貢現絹，民以變直折閱為苦」為舒民困，元清「奏請納帛一匹，折錢一貫，為定制。又常隨宜科率，民甚便之。歲總諸科物十餘萬數，轉運入金陵，國用賴以少濟」。僅永新一地就徵課實物「十餘萬數」，使「國用賴以少濟」，南唐在江西的科索總數當十分巨大，江西財賦對維持南唐政權的貢獻也十分突出。

江西「地當吳楚閩越之交，險阻既分，形勢自弱，安危輕重，常視四方」[143]，是翼護南唐政權的重要屏障。南唐素以江西為後方戰略基地，設鎮南軍節度使駐洪州，歷來由重臣名將主持，如南唐建立初期，李昪先是自管洪州，其後任權臣宋齊丘就職於此。南唐晚期，在趙宋統一形勢威逼下，南唐一方面不得不割地求和，一方面也做一些戰略防守準備。割地之後，特別是在宋取得荊、楚之後，自西北沿長江而下成為北方進攻南唐的最佳路線。因此南唐著力訓練水軍，於建隆二年（961 年）設龍翔軍習水戰。在戰略布防上，則側重於今江西一帶，在鄂州設的武昌軍，在環彭蠡湖的江州設奉化軍，南都洪州設鎮南軍。李煜繼位後將南唐得力的將領朱匡業、林仁肇、朱令斌（或作朱令贇）相繼調任這些防禦重地。與此同時，江西人物也成為南唐晚期支撐政局的重要依靠。

在南唐大多官僚對外無策而一味屈辱求和之時，宜春人盧絳深得樞密使陳喬賞識，被提升至沿江巡檢之職。他在長江下游沿

---

143 《讀史方輿紀要》卷八十四《江西二》。

岸巡視，招募當地人組成水軍，嚴加訓練，屢與吳越水軍交戰，有善戰之名。他認為吳越必將助宋夾擊南唐，因而秘密建議李煜先行出兵滅吳越以絕後患。其實，盧絳暗於戰略大勢，對國情、敵情缺乏足夠瞭解，其策近乎紙上談兵。南唐、吳越相持數十年，戰爭互有勝負，這說明雙方實力旗鼓相當，吳越非朝夕可滅。南唐此時的任何輕舉妄動都可能加速自身的滅亡，李煜認為吳越已是「大朝附庸，安敢加兵」，恐因此招致宋出兵，拒絕了其建議。南唐面對著趙宋軍政壓力，束手無策，只有坐待其滅亡了。只是緣於趙宋並沒有急於統一南方，才使得南唐仍然維持了十餘年。

開寶七年（974 年），趙宋開始攻擊南唐。十一月，宋軍從潭州進入南唐西境，攻袁州萍鄉，被萍鄉制置使劉茂忠擊退。劉以功升為袁州刺史，執掌南唐西部方面大權。劉為吉州安福人，熟悉贛西的山川地勢與風土民情，可因地制宜決策，組織當地軍民進行有力的防守，後來宋軍不再取道贛西進攻南唐。開寶八年（975 年）六月，宋軍聯合吳越軍，圍困金陵東南的潤州，李煜派親信侍衛侯劉澄守衛潤州，可劉澄為自保，消極防守，密謀暗殺率軍前來支援的盧絳。盧絳只得率兵自行出戰，劉澄隨後卻開城門投降。宋軍因此進一步完成對金陵的包圍。李煜又遣衛殿卿陳大雅突圍出城，赴湖口求援兵。湖口位於九江東六十里處，上據石鐘，旁臨大江，鄱陽湖水匯章貢及群川之流北注於江，湖口為其樞紐，素為南唐軍事重地。「蓋湖口之緩急，江南之盛衰，

江南有事，欲保固江右，則湖口不可以無備也」[144]，南唐保大中升湖口鎮而設湖口縣。交泰二年（959 年），李璟遷都於南昌，十萬重兵屯於湖口，即以戌江防而捍衛南昌。值李煜求湖口兵救金陵時，勇敢善戰的鎮南軍節度使林仁肇已因趙宋施反間計而被李煜誅殺，接任者為

・兵家必爭之地——湖口石鐘山

原神武統軍朱匡業之子朱令贇。朱少習軍旅，稍有謀略。金陵被圍之初，李煜屢召駐守湖口的朱令贇出兵救援。朱欲赴國難，但其水軍力量已遠不能與宋軍相比，若貿然出彭蠡湖而進入長江，一旦被宋軍切斷退路，就成進退失據的孤軍。朱遂請洪州留守柴克貞代為鎮守湖口，以為後援，而柴氏以有病在身為由，遲遲按兵不動。朱無奈亦只有遷延時日，不敢東下援金陵。時至十月，金陵求援急迫，朱遂抱破釜沉舟之念，率水軍十五萬出湖口，赴採石，欲斷浮橋，以絕宋軍後援。南唐水軍浩浩蕩蕩，其船「長百丈餘，大艦至容千人」[145]。然適逢長江冬季枯水期，大船在狹窄的江面上反顯得笨拙難馭。而宋軍輕舟快艦，進退靈活。朱令

---

144 《讀史方輿紀要》卷八十四《江西二》。
145 馬令：《南唐書》卷十七《朱令贇傳》。

斌進至虎蹲洲，見宋軍於洲渚間多立長木，若帆檣之狀，疑有伏兵，即稍逗留。朱所乘船艦獨大，高十餘丈，行駛不便，遭宋軍重兵攻擊。朱縱火拒鬥，宋軍不能支持。忽然風向倒轉，反焰自焚，南唐諸軍遂不戰而潰，朱戰死。

　　困守金陵的李煜外援全失，作了一定的抵抗後，宣布投降。這期間江西人士仍表現出不凡的氣節。時為勤政殿學士的豫章人鍾蒨，值城破，「朝服坐於家，亂兵至，舉族就死不去」[146]。盧陵陳喬，南唐中期以蔭授太常奉禮部，旋升中書舍人，備受李璟器重。李璟曾對皇后及諸子謂：「此忠臣也，他日國家急難，汝母子可托之，我死無恨矣。」[147]李璟遷都南昌時，留陳喬輔佐太子監國。陳喬輔政後主李煜時，極力反對入朝宋廷，及金陵城將陷，後主自寫降款，因勸云「自古無不亡之國，降亦無由得全，徒取辱耳。臣請背城一戰而死」[148]。後主不從，陳喬遂自縊。金陵城破後，各地的抵抗仍在繼續。在所有的抵抗中，又以江西地區為最。李煜投降後，宋大將曹彬命其手令諸州縣悉降。其信至江州，刺史謝彥賓欲降，指揮使胡則斷然不從。江州將士殺謝彥賓，推胡則為刺史，堅壁守城。江州「雄據上游，水陸形便」[149]，易守難攻。宋南面行營招安使曹翰頻頻出使勸降。胡則督戰愈力。三年後，胡則重病而江州破，見執於病榻上，其餘將士仍巷

146 《十國春秋》卷十七《南唐後主本紀》。
147 《十國春秋》卷二十七《陳喬傳》。
148 《十國春秋》卷二十七《陳喬傳》。
149 《讀史方輿紀要》卷八十四《江西二》。

戰抵抗。曹翰仇恨江州的抵抗，在胡則死後仍腰斬其屍，並血洗江州。時任左軍招討使與胡則同守江州的瑞昌人柯昶，城陷後奔北，見追兵迫近，仰天大呼：「我世受國恩，未圖報復，今力竭矣，義不辱敵手。」乃於馬上拔劍自刎，忠烈干雲。此外，任吉州刺史的申屠令堅，與袁州刺史劉茂忠相約誓死報國，堅守兩年，最後死於吉州城中。其後，劉茂忠為免地方玉石俱焚，安排好袁州事務後，率眾而降，受到趙宋尊重。

宋軍經過三年的艱苦作戰，平定江西地區的反抗後，才算最後完成了剿滅南唐殘餘的任務，江西也才算正式納入了趙宋皇朝的統治。江西民眾對宋軍的英勇抵抗，就歷史大勢來說，並不符合中國統一的潮流，但它表現了江西人民的頑強不屈、敢於犧牲的大無畏精神。

第二章 ——
政區建置與人口
增長

隋唐五代時期，受政治、經濟、軍事等因素的影響，江西政區在六朝的基礎上建置趨於穩定與合理。隋唐以來，江西的人口自然增長較快，加上安史之亂以來大量移民遷入，人口數量與人口分布產生了歷史性的變化，為本區經濟文化的進一步發展創造了條件。

第一節 ▶ 政區建置

隋唐五代是中國古代行政區劃發展承上啟下且逐漸定型化的時期。這一時期，江西政區隨全國軍政形勢以及經濟變遷而有較大變化，在秦漢豫章郡、兩晉南北朝江州的基礎上分析離合，形成了相對穩定與規範的行政區域，基本完成了今江西省行政區劃的模式。

一　隋代江西郡縣的省並

魏晉南北朝的長期分裂、動盪，造成中國行政區域極其混亂。各政權濫置州郡、亂設牧守的情形素為平常，至南北朝末年，南北合計有州約三百餘、郡約六百餘。隋統一時，河南道行台兵部尚書楊尚希上書隋文帝，稱：「竊見當今郡縣，倍多於古，或地無百里，數縣並置；或戶不滿千，二郡分領，具僚以眾，資費日多，吏卒又倍，租調歲減。」為了改變「民少官多，

十羊九牧」的怪狀，他建議「存要去閑，並小為大」[1]。重臣蘇威也提出同樣的建議。隋文帝鑒於地方郡縣林立，行政效率低下，中央賦稅減少的弊病，採納楊尚希和蘇威的建議，於開皇三年（583 年）十一月，下令「罷天下諸郡」，實行裁郡並縣的政策。此次調整，並沒有從省並與建設政區著手，而是廢除了已毫無意義的郡，使東漢末年以來的州、郡、縣三級行政區制度，變成了州、縣二級政區，由州直接統縣。開皇九年（589 年）隋滅陳後，這個政策推行於江南。開皇十六年（596 年），隨著國家的安定，社會經濟的發展，人口也不斷增加，隋文帝又在一些地方「析置州縣」[2]，州縣數目因而略有增加。隋煬帝繼位，為加強地方行政，於大業二年（606 年）再次「遣十使並省州縣」[3]；次年四月，改州為郡。隋政區經如此的裁併與演變，最後是將州一級大行政區撤銷，留下郡、縣二級，全國有郡一九〇，縣一二五五，比隋建立之初郡少四二七，縣少三〇七，使魏晉南北朝以來長期混亂的行政制度得到釐清，地方行政區域趨於合理。江西地區裁閑並省之後，政區也發生了一些變化。

鄱陽郡（郡治鄱陽縣），平陳後改稱饒州，大業初複為郡，統縣三：鄱陽（銀城縣廢入）、餘干、弋陽（原名葛陽，開皇十二年改）。

1　《隋書》卷四十六《楊尚希傳》。
2　《隋書》卷二十九《地理志上》。
3　《隋書》卷三《煬帝本紀》。

147

臨川郡（郡治臨川縣），平陳後改置撫州，大業初複為郡，統縣四：臨川、南城、崇仁（梁置巴山郡，領大豐、新安、巴山、新建、興平、豐城、西寧七縣，平陳後郡縣並置，改置縣）、邵武（開皇十二年置）。

廬陵郡（郡治廬陵縣），平陳後置吉州，大業初複為郡，統縣四：廬陵、泰和（平陳置西昌，開皇十一年東昌省入，更名）、安複（舊為安成郡，平陳廢郡置縣，改名安成，開皇十八年更名安複）、新淦。

南康郡（郡治贛縣），平陳後置虔州，大業初複為郡，統縣四：贛（舊曰南康，大業初改名）、虔化（舊曰寧都，開皇十八年改名）、雩都（舊廢，平陳置）、南康（舊曰贛，大業初改名）。

宜春郡（郡治宜春縣），平陳後置袁州（開皇十一年，廢安成郡，於宜春縣置袁州），大業初複為郡，統縣三：宜春（舊曰宜陽，開皇十一年廢入吳平縣，開皇十八年改名）、萍鄉、新喻。

豫章郡（郡治豫章縣），平陳後置洪州總管府，大業初廢總管府，複為郡，統縣四：豫章（南昌改名）、豐城（平陳廢，開皇十二年置，曰廣豐，仁壽初改名）、建昌（開皇九年省艾、永修、豫章、新吳四縣併入）、建城。

九江郡（郡治湓城縣），舊潯陽郡，平陳則郡廢，置江州，大業初改郡，名九江。統縣二：湓城（舊曰柴桑，平陳廢汝南、柴桑，改立潯陽縣，開皇十八年改名彭蠡，大業初改名湓城）、彭澤（梁置太平郡，領彭澤、晉陽、和城、天水四縣。平陳，郡

縣並廢，置龍城縣。開皇十八年改名彭澤）。

經過隋代的調整，江西設有豫章等七郡二十四縣，與南朝相較，郡只少二，縣則少三十到四十。隋代江西七郡維持著六朝以來的基本架構，「顯示江西地區的地方行政中心已逐漸成熟，並不因政治變動而遭到影響」[4]。南朝時江西設有眾多郡縣，為滿足政治、軍事所需，但大多是人口稀少、經濟基礎薄弱所在，名實不副。隋統一後裁閑並小，使郡縣數量與社會經濟基礎相適應[5]。這為唐五代江西行政區劃的合理發展奠定了良好的基礎。

二　唐代江西州縣的整理

唐朝建立之初，高祖李淵在隋行政區劃的基礎上有沿有革，將隋代的郡全部改為州，縣則不變。李淵急於削平各地的割據勢力、鎮壓隋末農民軍的余部，為籠絡、羈縻歸降勢力，權宜增置州、縣不少，《舊唐書·地理志》稱：「自隋季喪亂，群盜初附，權置州郡，倍於開皇、大業間。」這在江西地區也有顯著的反映。以州而論，據《新唐書·地理志》載，武德五年（622 年），唐皇朝在江西，除了沿隋制改豫章郡設洪州、改鄱陽郡設饒州、改潯陽郡為江州、改臨川郡設撫州、改南康郡設虔州、改宜春郡設袁州、改廬陵郡為吉州以外，在州的設置上以南昌縣置孫州、

4　黃玫茵：《唐代江西地區開發研究》，「國立」臺灣大學出版委員會一九九六年版，第 35 頁。

5　許懷林：《江西史稿》，江西高校出版社一九九八年版，第 111 頁。

以高安縣置靖州（武德七年改為米州，不久更名為筠州）、以彭澤縣置浩州、以建昌縣置南昌州、乙太和縣置南平州、以安福縣置潁州。又據《舊唐書・地理志》，江西還設有豫州、昌州（此2州今不可考）。這樣，武德年間唐政府共在江西地區設了十五州，其中有八州屬於新設，但這新設的八州，因政治軍事形勢穩定而於武德七年、八年全部廢除，仍保留沿隋所設七郡而來的七州。

縣的興設則更為混亂，據新、舊《唐書》之《地理志》，武德年間江西地區「縣」分並離合的情況如下：

洪州（包括孫州、靖州、米州、南昌州等）：武德五年下轄豫章、南昌、鍾陵、豐城、高安、望蔡、華陽、宜豐、陽樂、建昌、龍安、永修、新吳十三縣；武德八年廢除南昌、鍾陵、望蔡、華陽、宜豐、陽樂、永修、龍安、新吳九縣。

饒州（包括浩州）：武德四年轄鄱陽、廣晉、餘干、玉亭、長城、樂平、新平、弋陽、上饒九縣；武德七年到九年分別省去廣晉、玉亭、長城、樂平、新平五縣。

撫州：武德五年轄臨川、南城、永城、東興、崇仁、宜黃、邵武、將樂八縣；武德七年至八年廢除永城、東興、宜黃、將樂四縣；以邵武改隸建州。

虔州：武德五年轄贛、虔化、南康、雩都四縣；武德中未變。

袁州：武德四年轄宜春、萍鄉、新喻三縣；武德中未變。

吉州（包括南平州、潁州）：武德五年下轄廬陵、太和、永新、廣興、東昌、安福、新淦七縣；武德七年至八年廢除永新、

廣興、東昌三縣。

江州（包括浩州）：武德四年後下轄潯陽、溢城、楚城、彭澤、都昌、樂城六縣；武德八年廢除溢城、樂城二縣。

唐定江西，於武德四年至五年（621-622 年）間共設四十九縣，比隋時江西二十四縣多設二十五縣，可見唐初「州府倍多前代」並非虛言[6]。多出的二十五縣完全是為臨時性的政治、軍事目的安撫降眾而設，與社會經濟的發展狀況並不適應，不利於行政管理，於是才過三四年統治者就省廢了二十三縣，另將邵武縣隸屬建州。經過這一反復與調整，唐初江西只剩下二十五縣，實際上只是在隋的基礎上多出一縣，基本維持了隋代的行政區劃。

隨著唐統治步入正軌，南方社會經濟的發展，尤其是經過安史之亂，江西相對穩定、經濟發展、人口數量快速增長，成為皇朝的倚重之地。因此江西自武德年間重大調整以後，除貞觀八年（634 年）省去楚城縣外，從貞觀以後到唐中期，州縣數量又逐步增加了一些。現將貞觀以來江西行政區劃沿革系統整理如下：

洪州（州治南昌縣），上都督府[7]。領縣七：南昌（寶應元年六月，因代宗名李豫，避諱改為鍾陵。德宗貞元中改名南昌）、豐城、高安、建昌、新吳（舊廢縣，永淳二年分建昌置）、武寧（長安四年分建昌置）、分寧（貞元十六年二月分武寧置）。

饒州（州治鄱陽縣），下州，領縣四：鄱陽、餘干、樂平、

6　《通典》卷一七二《州郡二・序目下》。
7　《元和郡縣圖志》卷二十八「江南道」，稱洪州為中都督府。

浮梁（開元四年分鄱陽置，改名新昌，天寶元年改名浮梁）。

虔州（州治贛縣），中州，領縣七：贛、虔化、南康、雩都、信豐（永淳元年分南康置南安縣，天寶元年改名信豐）、大庾（神龍元年分南康置）、安遠（貞元四年八月析於都縣置）。

撫州（州治臨川縣），中州，天寶以後領四縣：臨川、南城、崇仁、南豐（景雲二年析南城置，先天二年省，開元八年複分南城置）。

吉州（州治廬陵縣），上州，領縣五：廬陵、太和、安福、新淦、永新（顯慶二年分太和置）。

江州（州治潯陽縣），中州，天寶元年改為潯陽郡，乾元元年複為江州，領縣三：潯陽、都昌、彭澤。

袁州（州治宜春縣），下州，領縣三：宜春、萍鄉、新喻。

信州（州治上饒縣），上州，乾元元年（758 年）置。領縣四：上饒（乾元元年置，元和七年永豐省入）、弋陽、貴溪（永泰元年十一月，分弋陽西界置）、玉山（證聖二年分常山、須江及弋陽置，屬衢州，乾元元年割屬信州）。信州先隸江南東道，後歸江南西道。

此外，婺源縣，開元二十八年（740 年）正月置，時屬歙州。

由上述可知，江西在唐貞觀後共有八州三十八縣[8]，比隋代

8　李吉甫《元和郡縣圖志》統計江西地區行政區為八州，轄縣三十八，比《舊唐書‧地理志》州八轄縣三十七，多記一縣，是因為元和志編

多一州十四縣，基本上形成了較完整的統治網路與較為合理的行政區劃，州縣之間的隸屬關係也更加嚴密和穩定。

在古代的行政區劃中，州縣的劃分不單純是一個自然地域問題，而是有著濃厚的政治色彩和明顯的等級差別。除京邑附近少數州縣憑其近水樓臺的政治優勢而享有特殊級別外，其他地區大都按人口的多少而劃分級別。人口多少雖不是社會經濟發展的決定性因素，但它卻是社會經濟發展的必要條件，是社會化大生產出現之前衡量經濟發展水準的一個重要標準。按唐制，都督府因其軍事、政治地位分為上、中、下三等。州則按人口分為上、中、下三州，凡四萬戶以上者為上州，二萬五千戶以上者為中州，二萬戶以下者則為下州。縣以六千戶以上為上縣，畿、望、緊等縣不限戶數，並為上縣，三千戶以上為中縣，不滿三千戶為下縣，按此標準，江西地區各州縣隨著社會經濟的發展與人口的增長，唐中後期全部邁進上州、上縣行列。據《元和郡縣誌》、《新唐書》、《唐會要》等文獻記載，中唐以前，江西八州中，洪、吉為上州，至元和六年（811 年），江、袁、饒、撫、虔、信六州都升格為上州；三十八縣中，南昌縣為望縣，高安、建昌、潯陽為緊縣，餘皆為上縣，竟沒有一個中、下縣，這在南方各道中並不多見。過去相對落後的虔州，唐元和時，上升為上州，其所轄贛、南康、信豐、大庾、虔化、安遠七縣皆為上縣。另外，從《太平寰宇記》中所列唐玄宗以來全國新置一一〇餘縣

第二章・政區建置與人口增長

來看，除十餘縣是增設於華北地區以外，其餘九〇多縣均分布在秦嶺淮河以南，具體地說，在今江西境內二十七縣，福建二十縣，安徽、湖北各十縣，浙江九縣，四川、湖南各七縣，江蘇五縣[9]。由此可見，唐代江西「縣」的增長數字居全國首位，是社會經濟發展速度最快的區域。

三　江南西道的設立

唐初，全國有州三百多，中央難以直接管轄。高祖李淵為了迅速確立對全國的有效統治，於「緣邊鎮守及襟帶之地，置總管府」[10]，從軍事控制上著眼，將一些相關的州劃在一起，以便統一軍政。武德七年（624 年）總管府改為都督府，軍事性質不變。總管或都督的州縣，則常有變動。江西地區的總管（都督）府先後設過兩個。一是江州總管府，設於武德五年（622 年），管江、鄂、智、浩四州，顯然旨在加強對長江中游防線的軍事鎮守。隨著江西林士弘和兩湖蕭銑兩個地方性勢力的消滅，江州總管（都督）府便於貞觀元年（627 年）罷撤。二是武德五年（622年）置洪州總管府，轄管洪、饒、撫、吉、虔、南平六州。貞觀年間，改都督府後，為上都督府。貞觀二年（628 年）始，洪州都督府督洪、饒、撫、吉、虔、袁、江、鄂等八州，至長安四年（704 年）督洪、袁、撫、吉、虔五州。

9　張澤咸：《試論漢唐間的水稻生產》，載《文史》第十八輯。
10　《舊唐書》卷三十八《地理志序》。

唐代在地方行政機制上的重大變化，是「道」制的確立，由
州（郡）、縣兩級制變為道、州、縣三級制。「道」制淵源于西
漢刺史制，漢武帝為了加強中央集權，監察全國各郡，設十三刺
史部，定期巡查，效果顯著。唐統一全國後，疆域空前擴大，帶
來了政治統治的困難，唐太宗為了便於監督全國各州，於貞觀元
年（627 年）依據自然地理形勢和著意加強衝要地區軍事力量的
要求，分全國為關內道、河南道、河東道、河北道、山南道、隴
右道、淮南道、江南道、劍南道、嶺南道等十道。其中江南道屬
第八道，下轄五十一州，所統轄地區極其廣大，長江以南，五嶺
以北，今貴州以東至海，均在其內。江西地區各州主要因自然地
理形勢歸屬江南道。十道劃分後，唐太宗不時派黜陟使或觀風俗
使等分巡各道，觀采民風，檢查地方吏治。

　　隨著唐代政治、經濟的發展以及軍事形勢的變化，十道劃分
不盡合理的問題，逐漸顯露出來。「道」地廣土闊，所轄各地情
況差異很大，難於有效管理監察，加上巡察官員每年臨時派出，
給監察工作帶來諸多不便、效力有限。唐玄宗開元二十一年
（733 年），根據一方州縣的多少、經濟文化發展的程度以及對地
方加強管理之需要，在十道的基礎上析分為十五道，即從原關內
道分出京畿道，河南道分出都畿道，山南道分為山南東道、山南
西道，江南道又分為江南東道、江南西道、黔中道。唐玄宗將道
再劃分後，「每道置採訪使，檢察非法，如漢刺史之職」[11]，並

第二章・政區建置與人口增長

11　《舊唐書》卷三十八《地理志序》。

確立每道治所，各使置印。開元二十五年（737 年）「命諸道採訪使考課官人善績，三年一奏，永為常式」[12]。原來臨時派遣的監察大員，成了固定的地方檢察官，也有固定的治所。人員與治所的固定，標誌著道正逐步向實際的行政區轉變。江南西道的治所確立在洪州（治今南昌市），簡稱江西道，「江西」由此得名。

　　江南西道採訪使管轄範圍，據《新唐書 · 地理志》載包括宣、歙、池、洪、江、鄂、岳、饒、虔、吉、袁、信、撫、潭、衡、永、道、郴、邵等十九州，相當於今江西全省及湖南、安徽、湖北的一部分。此外還有一個黔中採訪使，轄治大致相當於今貴州省地域的黔、辰、錦、施、敘、獎、夷、播、思、費、南、溪、溱等十三州。在《舊唐書 · 地理志》中，這十三州都寫在「江南西道」之後。比較新、舊《唐書》地理志的記載，二者各有短長，但《新唐書》更接近實際一些。二書的地理志總序中，都寫明開元二十一年分十五道之中有黔中道。舊志是排列出十五道名稱，新志則寫為：「開元二十一年，又因十道分山南、江南為東、西道，增置黔中及京畿、都畿。」按各道內容的敘述，二者都是以貞觀十道為綱。舊志在江南道之下，列出了「江南東道」、「江南西道」二目，但無「黔中道」。而新志在江南道下，依次敘述諸州，又分別標明江東採訪使、江西採訪使、黔中採訪使所轄範圍，有了「黔中道」的內容和地位，然而與序言中所說的「分江南為東、西，增置黔中」不合，表現為分江南道為

12　《唐會要》卷七十八《採訪處置使》。

東、西、黔中三道。事實上，黔中道各州原本都是江南道的範圍，所以二者都在「江南道」下寫了江東、江西、黔中三部分。但二者的總序中都沒有說「江南道」一分為三，舊志的江南道內竟將黔中各州連綴於江西道之後[13]。唐前期作為監察區劃，道的劃分多遵循山河形便的原則，唐後期道的性質轉化為准行政區劃以後，其劃分就較為複雜了。但江西地區的「道」仍然是以山川走向來劃分的。江南道大致調整為宣歙、江西、湖南三個觀察使轄區，江西與湖南之間就以羅霄山脈為界，與今天湘贛邊界完全一致。同時，江西與宣歙、鄂嶽、浙東、福建、嶺南東道等觀察使（節度使）轄區之間也全部以自然地勢的分水嶺為界，和今天的贛皖、贛鄂、贛浙、贛閩、贛粵邊界也毫無二致。

四　楊吳、南唐時期的江西政區

唐末五代，統治江淮的楊吳、南唐建立割據政權後，為了強化統治，在行政區建置方面，改置了一批方鎮軍號，增設了一批新的州縣。關於五代十國時期的方鎮，歐陽修在《新五代史・職方考》中指出，它們不同於唐代的方鎮。唐朝的方鎮（軍鎮）設置於邊防要地、襟帶之區，「置軍節度使，號為方鎮，鎮之大者連州十餘，小者猶兼三四」。在朝廷集權統治強有力時，它們對防衛邊境、控制地方，發揮了積極作用。但當朝廷衰敗之時，它們就是鬧分裂對抗的破壞性力量，「故其兵驕則逐帥，帥強則叛

13　參許懷林：《江西史稿》，江西高校出版社一九九八年版，第 115 頁。

上，土地為其世有。干戈起而相侵，天下之勢，自茲而分」。由於方鎮將帥和朝廷關係各不相同，而且方鎮與朝廷之間又有相互利用的需要，因而「唐自中世多故矣，其興衰救難，常倚鎮兵扶持，而侵陵亂亡，亦終以此」。唐末五代之際，無地不是藩鎮，大大小小的軍閥們在相互的兼併攻奪之中，逐漸演化為十數個小朝廷。五代十國各政權，一方面仍沿用唐朝節度使制，另一方面吸取唐朝教訓而限制節度使權力。軍鎮轄區不再兼管別州，職權已和州的長官一般。正如歐陽修所說：「後世因習，以軍目地，而沒其州名。又今置軍者，徒以虛名升建為州府之重。」[14]即用軍的名號代替了州的名稱，在其地建立「軍」或改某州為「軍」，只是表示對它的重視，沒有實質上的改變。

南唐統治者以李唐皇朝繼承者自居，在制度上都極力模仿唐制。然而，社會情勢的變化，使其一些制度雖沿用唐名，具體內容卻不得不有所改變。陸游《入蜀記》卷四稱：「唐（南唐）制，節度使不在鎮，而以副大使或留後居任，則雲知節度事。」至南唐後期，知節度事的名稱有變化，據陸游所見南唐碑文所示，已改為「知軍州事」，近似于宋代制度。南唐朝廷直接任命節度使，且頻繁更換，以防出現藩帥擁兵自固的局面。在一般時期，其節度使的軍事職能相當有限，昇元六年（942 年），李昇以宋齊丘赴洪州，任鎮南軍節度使；李璟繼位後，以老邁的周宗為鎮南軍節度使，此二人並沒有能力承擔軍事。南唐甚至將出任節度

14 《新五代史》卷六十《職方考》。

使作為一種貶職手段。李璟在位期間，曾因不滿宋齊丘，讓其赴潤州出任鎮海軍節度使。不過，南唐節度使在戰時作用突出。如周佔領淮南後，洪州的鎮南軍及江州的奉化軍成為南唐戰略防禦的重點，南唐先後以朱匡業、林仁肇、朱令斌等重將出鎮洪州、江州。

楊吳、南唐期間，江西除洪州設鎮南軍之外，還置有百勝、奉化、永平、昭武、建武等軍鎮。其設置的情況大致是：

百勝軍，天祐六年（909年）梁置於虔州。當時盧光稠既歸附吳，又以虔、韶二州請命於梁。「虔州一臣二主」的地位只維持了十年便被吳滅，成為吳的轄地。同治《贛州府志》卷二載，徐知誥取代吳國，建立南唐，即改百勝軍為昭信軍。此事據《大平寰宇記》卷一〇八「虔州」條，則為「後唐長興二年（931年）升為昭信軍節度」。

奉化軍，順義元年（921年）吳置於江州。是年十月，楊溥舉行南郊祭天儀式，拜徐溫為太師，又加其義子徐知誥為同平章事、觀江州觀察使。隨即以江州為奉化軍，以知誥領節度使。江州升為軍鎮，委以勢官大臣，對徐知誥是表示禮儀上的尊重，于江州則更強調了其屏障金陵王都的重要性。

永平軍，昇元二年（938年）南唐置於饒州。據《婺源縣誌》載，是年以劉津為都制置使，巡轄婺源、浮梁、德興、祁門四縣。

昭武軍，據《九域志》，吳置昭武軍於撫州。治臨川。

建武軍，據《太平寰宇記》卷一一〇，宋開寶二年（969年）南唐於撫州南城縣置。另據《南城縣誌》引《南唐書》所記，昇

元元年（937年）南唐以南城縣置建武軍，東興、永城為附郭二縣[15]。依後者所記，則不僅建武軍成立的時間提早，而且有隸屬於它的兩個縣。這個軍不同於一般的藩鎮軍鎮，不屬於軍事系列，而是新增的州級政區，屬於行政系列。所以《十國春秋・地理表》中，把它與洪、饒、虔、吉、江、袁、撫、信、筠州並列，而在《藩鎮表》中另列鎮南、永平、奉化、百勝、昭武等五個軍鎮，亦以區別。

在行政區中，南昌新增筠州。保大十年（952年）正月，南唐建筠州於高安縣。高安是洪州西面交通要衝和經濟中心，自西漢置立建成縣以來，經濟文化發展加快。唐武德五年避太子李建成名諱，改縣名為高安，並於高安建靖州，七年改稱米州，再改筠州。但是武德八年廢罷，僅四年光景，高安仍隸洪州。這不僅是因唐初特定的政治需要而出現的臨時性措施，也反映了當時高安的經濟基礎還比較薄弱，因而剛立即罷。延及唐末，高安成為政治上的一個地區中心。鍾傳起於高安，據有洪州，雄踞江西。吳與楚爭鬥，多次以高安為交戰的中心。楚國馬殷死後，諸子互鬥，爭奪權位，國力急劇削弱。保大九年（951年）南唐滅馬楚政權。俘其國主馬希萼。十二月，李璟以馬希萼為江南西道觀察使，居洪州，仍給楚王名號。同時於高安建立筠州，監督馬希

15　《南城縣誌》卷九，王平叔《改建昌軍治記》又是一說：「（李氏）專制於境內，開東三年（970年）升南城縣曰建武軍，所以抗禦七閩，牽制百越也。」

萼,隔斷他與潭州的連繫。自此之後,筠州穩定發展,直至清末。

至此,江西境內有洪、饒、虔、吉、江、袁、撫、信、筠州及建武軍等十個州級行政區。值得注意的是,在五代十國軍事立國時代,作為楊吳、南唐政權的重要部分,江西的行政單位中也增添了軍事化色彩。

楊吳、南唐的地方行政制度因循唐制,採取州、縣制。以州領縣,州長官為刺史,縣長官為縣令,縣以下還設有場、鎮、鄉等基層行政區劃單位。另外,南唐沿用唐制,設立監,以管理鹽鐵務。如饒州永平監主管鑄錢。

系統整理楊吳、南唐州縣設置及沿革如下:

洪州:治南昌,轄南昌、豐城、分寧、靖安、奉新、武寧、建昌、新淦。其中靖安於昇元中升為縣,奉新於保大十年(952年)改為現名,新淦於南唐改屬洪州。交泰二年(959年),南唐升洪州為南昌府,以備作新都,所轄地域相同。

筠州:保大十年(952年)設,治高安,轄高安、上高、萬載、清江。

饒州:治鄱陽,轄鄱陽、餘干、浮梁、樂平、德興、都昌、永平監。

信州:治上饒,轄上饒、弋陽、貴溪、鉛山。其中,鉛山於南唐先置場,後升為縣。

虔州:治贛,轄贛、信豐、瑞金、石城、上猶、龍南、安遠、雩都、虔化、南康、大庾。其中,瑞金、石城於南唐置縣;上猶楊吳時為場,保大十一年(953年)升縣;龍南於保大十年

（952 年）置。

袁州：治宜春，轄宜春、萍鄉、新喻。

吉州：治廬陵，轄廬陵、太和、安福、永新、吉水、龍泉。其中，吉水於南唐保大七年（949）置；龍泉於南唐先置場而後升為縣。

江州：治德化，轄德化、彭澤、德安、瑞昌、湖口、東流。其中，德化楊吳名潯陽，南唐更名德化；瑞昌於昇元三年（939年）由場升為縣；湖口於南唐由鎮升縣；東流於保大十一年（953 年）升為縣。

撫州：治臨川，轄臨川、崇仁、南豐、宜黃。其中，宜黃置於李煜時期。

由上可知，楊吳、南唐所轄縣治，在唐代三十八縣的基礎上，又先後增建了萬載、德安、靖安、清江、瑞昌、鉛山、德興、湖口、吉水、上高、上猶、瑞金、龍南、石城、龍泉（今遂川）、宜黃、東流、東興、永城等十九個縣，合計為五十六個縣。江西境內再次出現縣邑增多的形勢。隋唐五代時期，江西諸縣的建置，沒有重現三國兩晉南北朝以來立而又廢、大起大落的曲折。表明本區建縣的經濟基礎大大加強，步入了穩定發展的階段。

五　影響江西州縣建置的因素

政區建置沿革一般受政治、經濟、軍事、地理、民族等因素的影響與作用。考察江西隋唐五代行政區劃的演變，經濟因素占主導地位，這反映出本區在這一歷史時期社會經濟快速發展的特

點。人口不斷增多，經濟快速發展，政府為了加強管理、便於收取賦稅，根據需要增設州縣，從而使本區的縣治數量得到較大的增長。

　　古代的人口狀況是經濟發展的指標，地區人口密度和分布往往與經濟開發的深度和廣度成正比，其政區尤其是縣級政區的設置往往兼有指示人口增長和經濟開發的作用。歷史政區圖中，那些開發程度較深、經濟發達、人口稠密的地區，縣邑星羅棋布；那些開發程度較差、經濟落後、人煙稀少的地區，縣邑寥若晨星。當然，縣邑作為封建國家的一級行政組織，其廢置增減與軍事政治形勢關係莫大，如東晉南朝的僑置郡縣，分裂割據時的濫置郡縣即是。不過，一旦時局穩定，濫置的郡縣往往被廢罷合併，增置縣邑則一般是人戶殷繁與空荒之處得到開發所致。因此縣邑的變動歸根到底要直接間接受制於經濟因素。毫無疑問，隋代以及唐初期的建置主要是受政治、軍事因素的影響，但唐貞觀以來的建置則主要是從經濟的角度予以確認，這種建置的變化反映出江西地區社會發展的客觀現實，唐五代新設、複置的州縣就是典型的說明[16]。

　　信州創建於唐肅宗乾元元年（758 年），其距導致北方人士大量南遷的安史之亂僅四年，說明此期間，北人遷入此地為數不少。信州位於衢州、饒州、撫州與建州之間，「川原曼遠，關防

16　以下分析文字，參陳文華、陳榮華主編：《江西通史》，江西人民出版社一九九九年版，第 197-291 頁。

襟帶」[17]，流寓至此的人雜而多，既為各州的邊境相互推脫不管之地，勢必造成動亂的因素。鑒於上述情況，江淮轉運使元載以此地「宜置州」。按照他的設想，「州東南五十里即饒州弋陽縣進賢鄉永豐里，可置一縣，以永豐為名；兼割饒州之弋陽縣，衢州之常山、玉山，建州三鄉、撫州之三鄉」建州，這樣便可「迤邐相望，自然無虞」。元載的奏請得到唐肅宗的批准，並「賜名信州」[18]。當時領永豐、弋陽、常山、上饒、玉山五縣，轄境有四萬戶。其中常山於乾元元年割屬信州後，不久「又還衢州」[19]。永豐縣至元和七年（812 年）併入上饒。玉山「他山合遝，峻嶺橫亘，該谷皆相互分其流，雖步通三衢，而水絕於越，千峰萬擁，限隱不可得而虞也。自陳、隋以來，此為巨奧。證聖二年分衢州常山、須江二縣，饒州弋陽縣共二十鄉為玉山縣」，隸衢州，「至乾元元年隸信州」[20]。到「永泰元年，洪州觀察使李勉，奏割弋陽、餘干二縣地置貴溪縣，……屬信州」[21]。信州及其所轄貴溪、上饒、玉山三縣的設立，當然也與道路交通的開拓有關，唐後期由此進入江南東道的道路開始被人使用[22]。

　　洪州轄境複設一縣而增二縣，也是這一時期社會經濟發展、

17　《太平寰宇記》卷一〇七「江南西道」。
18　《太平寰宇記》卷一〇七「江南西道」。
19　《舊唐書》卷四十《地理志》。
20　《太平寰宇記》卷一〇七「江南西道」；《舊唐書》卷四十《地理志》。
21　《元和郡縣圖志》卷二十八「江南道」。
22　黃玫茵：《唐代江西地區開發研究》，臺灣大學文史叢刊，臺灣大學文學院，一九九六年。

人口快速增長所致。「洪據章江，上控百奧，為一都會。」[23]安史之亂後這裡「既完且富，行者如歸」[24]。開元間（713-741 年）境內有九十四鄉、五五四〇五戶，至元和間（806-820 年），有一一〇鄉、九一一二九戶，分別比開元間增加十六鄉、三五七二四戶。如果將洪州唐元和間的戶數與隋朝豫章郡的一二〇二一戶相比，則增加了七九一〇八戶，增長率為百分之六五八。隋時該地只設四縣，唐武德年間雖在這一地區設立過十三縣，但過了數年又廢除了九縣，也只剩下四縣。對增加如此快的戶口，原有的四縣顯然是難以有效統治，於是有新縣之設。新吳為「永淳二年析建昌複置」，時「邑人塗文師、瞿恩祥等以道遠難於供輸，請複置縣，詔從之」[25]。可見，新吳複置是由於建昌管轄範圍過廣，以致使民眾欲繳納賦稅都有相當困難，為了加強封建政府賦稅徵收，分建昌而複置新吳。武寧之設也是從建昌縣析出，其建在長安四年（704 年），貞元十五年（799 年）又割武寧置分寧，其地特產豐富，交通便利，修水由北而折向東南經過縣治，順流而下經武寧、海昏，最後流入鄱陽湖，《新唐書·地理志》載，境內亥市（草市）「其地凡十二支，周四里之內，聚江、鄂、洪、潭四州之人，去武寧二百餘里，豪富物產充之」。由此推測分寧縣的設置是經濟開發的結果。同治《義寧州志》記，李巽認為

23 《文苑英華》卷八七〇杜牧《江西觀察使武陽公韋公遺愛碑》。
24 《全唐文》卷四二七于邵《送王司議季友赴洪州序》。
25 《新唐書》卷四十一《地理志》。

「以武寧一縣，所隸凡二十鄉，而西八鄉，趨縣道遠，輸賦不便」，因呈請於亥市建縣。從永淳二年至貞元十五年接連從建昌析出新吳、武寧，又從武寧割置分寧，說明建昌經濟發展，人口增長，需要分而治之，以加強對該地的財賦徵集。

虔州位於贛江上游，「於江南地最曠」[26]，「其地撫閩、粵之背，扼章、貢之吭，層巒疊嶂，氣象磅 」[27]，是江西的南大門，政治、經濟地位極其重要。開元初大庾嶺道拓寬之前，這條道路上已有商賈過往，張九齡曾目睹這一情景，寫道「以載則不容軌，以運則負之以背」[28]。大庾嶺道改造之後，商旅活動更是繁榮。商旅活動的增多，事實上也就促使了這一地區的開發。從戶口增長的情況來看，唐初虔州只有八九九四戶，到天寶年間迅速增至三七六四七戶。戶口的大量增長，以舊有的四縣統領顯得力不從心，於是就有了新縣之設。據《太平寰宇記》卷一〇八「江南西道」載：「永淳元年析南康縣更置南安縣，以其地接嶺南，人安物阜，謂之南安。」天寶元年「以人信物豐為名」更名曰信豐。經濟發展、人口增殖是南安（信豐）設縣的重要原因。至神龍元年（705 年）以南安地域過廣，遂割南安縣地置大庾，以其「當五嶺之一」也。意在加強對梅嶺邊上過往商客的管理。安遠析自於都，原因是於都「地辟人稀，每有賦徭，動逾星

---

26 《王文公文集》卷三十四《虔州學記》。
27 同治《贛州府志・序》。
28 《張曲江集》卷十一《開大庾嶺路記》。

歲」，貞元四年（788 年），「刺史路應泰奏請極於都三鄉並信豐一里再置」[29]。永新析自太和，《太平寰宇記》卷一〇九「永新縣」條記：「顯慶四年，永新之民乙太和道阻遠，請別置縣於禾山東南六十七里，即今理也。」中央出於便於收稅而設縣，永新縣的開發當也比較深入。

饒州浮梁縣在開元年間的複置，同因為浮梁是江南的茶葉貿易中心，茶葉經濟十分繁盛。

因加強政治軍事力量而新置的如南豐、樂平與婺源三縣，實質上也是人口增長經濟發展的結果。《太平寰宇記》卷一一〇「撫州南豐縣」條：「開元七年，刺史盧元敏奏：田地豐饒，川谷重深，時多剽劫，乃復置南豐縣。」南豐縣據《新唐書·地理志五》，景雲二年（711 年）析南城置，先天二年（713 年）省，開元八年（720 年）復置。複置的原因據《太平寰宇記》說乃因「時多剽劫」，其實也可能是由於諸州逃戶投聚的結果。樂平之地山勢險峻，嘗招致「歙寇程海亮剽掠」，為了強化對這一地區的管制，「開元四年，廉訪使韋玢，即長樂、水口建樂平，新縣盡統樂安舊地」[30]。婺源縣之設是在鎮壓洪真農民起義之後，據《婺源縣誌》載：「開元二十四年劇盜洪真，以休寧回玉鄉之雞籠山為巢穴，據歙、衢、睦三州界，二十八年盜平，因休寧之回

29　《太平寰宇記》卷一〇八「江南西道」；《新唐書》卷四十一《地理志》。

30　同治《饒州府志》輿地志一《治革》引《樂平縣誌》。

玉鄉及浙原、來蘇二鄉，並樂平之懷念鄉，立婺源縣」。其實，婺源設縣，還應與當地以茶葉為主的山區經濟發展密切相關。

　　楊吳統治期間，江西地區新設三軍一制院一縣。三軍是奉化軍、昭武軍、百勝軍。吳順義元年（921 年）「升江州為奉化軍」，又「吳置昭武軍於撫州，治臨川」。梁開平初（907 年）「盧光稠以虔、韶二州請命於梁，梁太祖為置百勝軍」。天祐六年（909 年），「光稠來附於（吳）高祖。南唐昇元元年（937 年）改百勝軍為昭信軍。一制院是新淦制置院，天祐七年「吳於新淦置制置院」。一縣是德安縣。德安「本隋湓城縣南境，唐為蒲塘場，吳升為德安縣」。軍與制置院的設置無疑是因軍事鬥爭的需要，而縣的新設，則是社會經濟發展的結果。楊吳期間，江西還將五個鎮提升為場。象湖鎮本雩都縣地，楊吳置瑞金（場）監；虔南場原為信豐百丈鎮，楊吳將其升為虔南場；上猶場本南康縣地，楊吳析為上猶場；靖安場本唐靖安鎮，吳改升為場；楊吳還於德化境置星子鎮。場、鎮都是設置的前期準備，至南唐時期，這些場便很快提升為縣，這是江西地區社會經濟穩定發展的如實反映。

　　楊吳、南唐處軍事立國時代，軍事活動頻繁，行政區域表現出濃厚的軍事色彩。如前所述，江西境內各府、州、軍、縣的複置新增，不少是出於政治、軍事的原因。不過，經濟因素仍在其中起著重要作用，尤其是在縣的建置上。

　　楊吳、南唐在江西所設新縣，基本上是因「場」、「鎮」上升而來的。唐五代時，「場」往往指特種經濟活動的場所。如，納稅之地為稅場，運輸之地為輸場，產鹽榷鹽之地為鹽場，開採

礦藏之地為礦冶場。場有臨時開闢者，如天寶十一載（752年），「令於龍興觀南街開場，出左藏庫內排鬥錢，許市人博換」[31]；貞元年間（785-804 年），「令於京城及東渭橋，開場和糴米二十萬石」[32]，這二場均為臨時開設的官府與百姓財物交易場，換錢與和糴活動結束後，所開之場即廢。另一些場院則由於經濟活動的永久性和持續性，固定下來並且發展為新一級的財政機構。諸場置官設吏，主持日常的經濟活動，同時，隨著人口流動、場務發展等，一些場從單一鹽場、礦場、稅場成為具有多種職能的場鎮，向一級新的行政機構發展。隨著人口增長、生產發展、商業發達，一些生產性的鹽場、礦場也稅場化。礦冶、鹽場的稅場化，使場的性質變得複雜起來，場向一級行政區劃演變。由於礦冶場兼稅務，進而升之為縣。

我國古代的「鎮」，包括軍事和經濟兩大類，也承擔著縣以下一定區域內的行政管理職能。唐初以來已開始了縣鎮互為表裡的現象[33]。唐代，在長江中下游地區的鎮多以經濟意義為主。《太平廣記》卷一三四《童安玕》條記唐宣宗「大中末，信州貴溪縣乳口鎮有童安玕者，鄉里富人也。初甚貧窶，與同里人郭珙相善，珙嘗假錢六七萬，即以經販，安玕後遂豐富」。信州始置

31　《舊唐書》卷四十八《食貨志》。
32　《陸宣公集》卷十八《請減京東水運收腳價於沿邊州鎮儲蓄軍糧事宜狀》。
33　張澤咸：《唐代工商業》，中國社會科學出版社一九九五年版，第 244 頁。

於唐肅宗時，貴溪縣始置於代宗時，至遲在宣宗時，縣下出現了乳口鎮。它是一個經濟意義上的鎮。

由場、鎮升縣的數量在南唐統治區內是很多的，其中江西地區又特別突出。按《十國春秋・地理表》所記，南唐轄境共計三十五州軍，由場鎮升縣者共有二十個，其中除如皋、嘉魚、永安、通山、大冶五縣之外，其餘的均屬於江西。[34]同時，新置的鎮共五個，江西占三個，即高安步鹽鎮、新淦萬安鎮、德化星子鎮；新置的場共三個，全在江西，即臨川金溪場、宜黃場、鉛山場。這些事實表明，當時江西境內經濟開發的形勢很好。

吳及南唐期間江西地區增置的各縣，基本上都是在場、鎮基礎上發展起來的（見頁之表）：

・吳、南唐期間由場、鎮升格成縣情況表

縣名	場鎮名	升縣時間	縣名	場鎮名	升縣時間
萬載	萬載場	順義元年（921 年）	龍南	虔南場	保大十一年（953 年）
德安	蒲塘場	乾貞元年（927 年）	瑞昌	赤烏場	異元三年（939 年）
靖安	靖安場	界元元年（937 年）	湖口	湖口戍	保大七年（949 年）

34　依《十國春秋》卷一一一《地理表》，仍將宜黃場、鉛山場列入新翌場內，故升縣數只有二十，江西只有十五。

縣名	場鎮名	升縣時間	縣名	場鎮名	升縣時間
清江	瀟灘場	昪元二年（937年）	吉水	吉陽場	保大八年（950年）
德興	鄧公場	昪元二年（938年）	石城	石城場	保大十一年（953年）
上高	上高鎮	保大十年（952年）	東流	東流場	保大十一年（953年）
上猶	上猶場	保大十年（952年）	龍泉	龍泉場	建隆元年（960年）
鉛山	鉛山場	保大十一年（953年）	宜黃	宜黃場	開寶三年（962年）
瑞金	瑞金	監保大十一年（953年）			

　　楊吳、南唐的場、鎮、監升格為縣，有的是因軍政需要而設。《太平寰宇記》卷一○六「靖安縣」條：靖安本建昌縣地，唐廣明之後，「草寇侵掠本州，以靖安、孝悌兩鄉去縣稍遠，乃於此設鎮，至偽吳乾貞二年升為場，偽唐昇元中改為縣。」初設完全是為了軍事目的，後為了增強其實力，「相次又析建安、奉新、武寧等三縣鄰近三鄉以為實焉」。不過，在江西的絕大多數鎮、場、監升格為縣的，主要是經濟發展的結果。《太平寰宇記》卷一一一「瑞昌縣」條：武德初以江州領潯陽、彭澤、都昌三縣，建中四年以潯陽西偏遠，因立為赤烏場。五代時吳國「累為

「邑宰」的毛貞輔廣陵參選時，得赤烏場官[35]，表明五代時赤烏場仍存在，充任者為州縣官。蕭灘鎮，位於贛江中游，袁水在此匯合。它能在昇元二年（938年）八月升格為清江縣，並由南唐朝廷直轄，享有與州相同的行政等級，是其航道地位在政治上得到重視的反映。後來，筠州建立，清江便成為這個新的行政中心區的組成部分。德興、鉛山縣的建立，是因採礦業的興旺而置的。鄧公場的銀礦、鉛山場的鉛礦生產都為當地的經濟開發奠定了堅實基礎。縣名德興，意為「唯德乃興」，實際上是因礦而盛。在新增的十七個縣中，萬載、吉水、上高、石城、龍泉、宜黃六縣是舊縣複置。南朝時，他們依次為康樂、吉陽、望蔡、陂陽、遂興、宜黃縣。隋朝調整州縣時，它們因戶少縣小而被裁併。現在重新建縣，自然是經濟復甦、戶口增多的結果[36]。

第二節 ▶ 人口增長

隋唐五代時期，江西社會經濟快速發展，人口自然增長穩定。特別是安史之亂以來，北方的持續動亂而江西的相對穩定，大量人口遷入江西，人口增長越發迅速，在全國居於首屈一指的地位。江西人口數量的大增，人口地理的分布又漸趨於合理，奠定了本區經濟文化全面發展的基礎。

35　《太平廣記》卷二七八《毛輔貞》。

36　許懷林：《江西史稿》，江西高校出版社一九九八年版，第211頁。

一　隋與唐前期江西人口的狀況

劉宋大明八年（464），江西人口有四萬六千戶、三十三萬餘口，這是六朝時期江西有明確記載的戶口。隋建立後，江西人口有了一定幅度的上升。《隋書・地理志》載，隋代江西戶數為：豫章郡：一二〇二一；鄱陽郡：一〇一〇二；臨川郡：一〇九〇〇；盧陵郡：二三七一四；南康郡：一一一六八；宜春郡：一〇一一六；九江郡：七六一七。總戶數達八六六三八戶，若以每戶五口計，有四二八一九〇口。隋朝豫章諸郡的戶數，是南朝宋一點八五倍，淨增三點九萬餘戶。要說明的是，隋朝對北方的人口整理極為重視，曾實行「大索貌閱」，但鑒於南方地方勢力較為強大、民眾不斷反抗等的特殊情況，取羈縻、柔撫之政策，人口缺少系統的整理，統計較為鬆懈，所以隋代江西人口可能存在與實際戶數偏少的問題。開皇九年（589 年）隋統一時，全國大約著籍人戶七百萬，至大業五年（609 年）著籍人戶達九〇七七七一四，口達四六〇一九〇五六。與全國人口總數相較，江西戶、口分別占百分之〇點九五和百分之〇點九三，所占比例還極小。主要原因是，江西還沒有步入社會經濟快速發展的軌道，本身人口增殖有限，外來人口也不多。

隋末唐初，戰爭傷害與流亡，致使全國人口數再次銳減，僅略高於西漢時期的水準。江西地區受戰禍的影響不大，人口大概不會低於原來的數字。唐建立始，對於戶籍十分重視，武德七年（624 年），「頒新律令：百戶為里，五里為鄉，四家為鄰，四鄰

為保。在城邑者為坊，在田野者為村」[37]；「里及村坊皆有正，以司督察。四家為鄰，五家為保，保有長，以相禁約」[38]。要貫徹城鄉的保甲制度，首先必須查清戶口，始能按人編制。江西地區在唐朝時期有了比較確切的人口統計數字。

江西道各州的戶口數，《舊唐書・地理志》分舊領的縣與戶口數及天寶時所領縣與戶口數，《新唐書・地理志》未書明時間，而與《舊唐書》對照一看，即知為天寶時的戶口數。《元和郡縣圖志》所載，為開元和元和時的兩種，但只有戶數而無口數。現將《舊唐書》與《元和郡縣圖志》所載戶口數，分別表列於下：

・《舊唐書》所載江西道七州戶口數表

州名	貞觀時期戶口數		天寶時戶口數	
	戶	口	戶	口
洪州	15,456	74,044	55,530	353,230
饒州	11,400	59,817	48,099	244,350
虔州	8,994	39,901	37,647	275,410
吉州	15,040	53,185	37,752	237,032（1）
江州	6,360	25,599	29,025（2）	155,744
袁州	4,636	25,716	27,093	144,096
撫州	7,354	40,685	30,605	176,394
總數	69,240	318,947	265,751	1,586,256

37　《資治通鑒》卷一九〇「唐高祖武德七年」條。
38　《唐六典》卷三《戶部朗中員外郎》。

（1）《新唐書・地理志》口數作三三七〇三二； （2）《新唐書・地理志》戶數作一九〇二五。

· 《元和郡縣圖志》所載江西道八州戶數

州名	開元戶數	元和戶數
洪州	55,405	91,129
饒州	14,062	46,116
虔州	32,837	26,260
吉州	34,481	41,025
江州	21,865	17,945
袁州	22,335	17,226
信州		28,711
撫州	24,988	24,767
總數	205,973	293,179

依上兩表的統計，江西貞觀年間戶數為六點九萬餘，開元時有戶二十點五萬餘，後者比前者增加了三倍左右。天寶時有戶二六點六萬，比開元增戶六萬左右，說明從隋末至貞觀、開元至天寶短時期內增幅之速，貞觀之治、開元盛世並非虛名。貞觀以後，江西社會安定，經濟發展，人口增加迅速。約一百年間，戶數增加三點五九倍，人口數增加五倍餘，明顯高於全國同期戶口增加的比例（2.9 與 4.1）。但就江西戶口占全國總數的比重來看，則增加不太多。這一時期整個國家社會秩序穩定、經濟繁榮昌盛，全國各州人口都在上升之中，江西基本上與其他地方同步

發展，由於人口基數較低，人口增長並沒有太突出的表現。

二　安史之亂後北人遷贛潮流

　　江西戶口在隋朝時為八五六三八戶，盛唐開元時為二〇五九七三戶，元和時增至二九三一八〇戶，歷五代至宋初猛增至五九一八七〇戶。說明唐五代是江西人口迅猛增長的時期，特別是唐安史之亂之後，當全國絕大部分地區的人口增長陷於停滯甚至倒退時，江西地區仍然保持著強勁的增長勢頭。造成這種狀況的原因：唐前期，社會經濟快速發展，貞觀之治、開元盛世相繼出現，江西人口自然增長穩定。而安史之亂以來，唐廷以江淮為國命，財政收入主要依賴包括江西在內的江南八道的供應，統治者不得不注意發展當地經濟生產、鼓勵人口增長。加之勞動人民的辛勤開發，遂使南方的社會生產力提高很快，超過了北方的水準，江西人口的自然增長率仍然維持較高水準。更為直接和重要的是，動亂引發北方大量人口南遷江西。

　　天寶十四載（755 年）十一月，安史之亂爆發。帝國承平日久的局面被卒然打破，無論對於統治者還是廣大人民來說，事變都來得很突然，引起了心理上的極大恐懼。安史之亂持續八年，戰禍幾乎遍及整個黃河中下游地區，對北方造成極大的危害，黃淮地區幾乎成了荒原。史籍稱：「夫以東周之地，久陷賊中，宮室焚燒，十不存一，百曹荒廢，曾無盡椽，中間畿內，不滿千戶，井邑榛棘，豺狼所嗥，既乏軍儲，又鮮人力。東至鄭汴，達

於徐方，北自覃懷，經於相土，人煙斷絕，千里蕭條。」[39]「大兵之後，民無積蓄，餓殍相枕。」[40]造成人口大量流亡，「人多逃竄他邑以避禍」[41]；「編戶轉徙，廬井半空」[42]。許多民眾因生命財產遭受慘重損失而被迫告別故土，向戰禍較少、生活相對穩定的地區遷徙。杜甫《無家別》詩描述洛陽一帶殘破凋零的悲慘景象：「寂寞天寶後，園廬但蒿藜。我里百餘家，世亂各東西。」絕大多數流亡人口如潮水般湧向江南。如唐肅宗詔：「又緣頃經逆亂，中夏不寧，士子之流，多投江外。」[43]《舊唐書·權德輿傳》載：「兩京蹂於胡騎，士君子多以家渡江東」；權德輿《王公神道碑銘》云：「時薦紳先生，多游寓於江南。」韓愈《考功員外盧君墓銘》云：「當是時，中國新去亂，仕多避處江淮間，嘗為顯官得名聲以老故自任者以千百數。」大詩人李白當時正輾轉江南，親眼目睹了「三川北虜亂如麻，四海南奔似永嘉」的歷史情景。

安史叛軍攻勢凌厲，肆意蹂躪了中原，卻由於唐朝軍民的堅決抵抗以及叛軍力量有限，東線被擋在睢陽（河南商丘）；西線受阻於南陽，於是「南夏得以保全」，因此北方民眾紛紛南下進入淮漢以南地域。吳頭楚尾的江西地處長江中下游交界處的南

39　《全唐文》卷三三二郭子儀《請車駕還京奏》。
40　《冊府元龜》四〇六《將帥部·清儉》。
41　《舊唐書》卷一二二《曲環傳》。
42　《冊府元龜》卷六七八《牧守部·興得》
43　《全唐文》卷四十三唐肅宗《加恩處分流貶官員詔》。

岸，地理形勢上不僅便於流民的進入，也利於保全流民的生命，不少北方移民因此經荊襄和淮南兩地輾轉流入江西。如長江中游地區，亂事爆發之初南徙的兩京士庶先是就近避難於襄、鄧，後因唐軍與叛軍在襄、鄧一帶對峙，南逃士庶又進一步順江而下，散布於荊、鄂、江沿江一帶，有的便進入贛水流域。

江西地區在安史之亂之前，因各種原因的作用與影響，已有少量的移民進入。如，武周萬歲登封元年，祖籍滄州青池（今河北滄縣東南）幸茂宏「丞南昌，因家高安之洪城里」[44]。又歐陽修記胥沆言其世系曰：「吾家為燕人，十三代祖儀為唐御史中丞，坐言武后事，貶臨川，後世因家焉。」[45] 王儀原籍京兆萬年縣（今陝西西安市）人，開元初，官江蘇丹陽太守，解任後，無意北歸，攜孟友、仲友、季友三子，徙家來豫章，結廬於南昌東湖之濱。安史之亂期間及以後，江西則成為外來人口遷入的重點地區之一，其基本原因在於本區社會穩定，經濟發展。安史之亂爆發以後，江西很少受到戰爭的影響，除了至德元載（765 年）永王李璘叛軍殘部逃入江西時曾有較短暫的小規模戰爭外，大體上保持著和平局面。在江西的一些地方民間崇祀張王廟[46]，廟裡供奉張巡、許遠。張巡是蒲州（今山西永濟）人，許遠為杭州鹽

---

44 柳宗元《唐故開國祭灑文貞公墓誌銘》，收錄《高安洪城幸氏族譜》。

45 《歐陽修全集》卷十一《左班殿直胥君墓誌銘》。

46 德興縣在民國期間縣城有兩所張千廟。廣昌縣有三忠廟，祀關公、伍子胥、張巡；另有昭忠廟，祀張巡。寧都有東平王廟，祀張巡、許遠。南宋景定中，封張巡為東平王（見民國《德興縣誌》、同治《廣昌縣誌》、道光《寧都州志》）。

官人，都沒有在江西活動過。江西地方立廟祭祀張、許，或是朝廷的提倡，張、許堅守睢陽，挫敗安祿山叛軍銳氣，使其南攻江淮的企圖破產，「而唐全得江淮財用，以濟中興」[47]。更可能是江西民眾出於感激，是他們的英勇抗敵，使本區沒有直接遭受安史之亂的兵禍，城鄉不至於破壞，社會經濟得以繼續發展。史稱洪州「自幽薊外奸，加之以師旅，十年之間為巨防焉。當閩越粵區，扼江關重阻，既完且富，行者如歸」[48]。洪州是江西觀察使的治所，其情況無疑是江西全境的一個縮影。葛劍雄先生從正史、文集和筆記小說中，搜羅到一三四個在安史之亂階段自北方遷入南方的移民資料[49]，在一三四例移民資料中，有二十七例分布於江西，約占總數的百分之二十，僅次於占百分之三十四的江南地區，顯然江西是該階段北方移民的重要遷入區。換言之，安史之亂爆發後，以北方人為主的遷贛活動積成浪潮，引起了江西人口的大幅度變遷。安史之亂結束後，北方隨即又陷入長期的藩鎮割據。由於藩鎮割據的戰爭主要在河南和淮西一帶進行，距戰場較近的江西又成為移民的重要遷入地。

洪州「既完且富，行者如歸」，外來移民自是不少。崔祐甫《上宰相箋》記，崔祐甫因「中夏覆沒，舉家南遷，內外相從，百有餘口，長兄宰豐城」。杜黃裳《大唐故李府君墓誌銘》記，

47　《新唐書》卷一九二《忠義傳贊》。
48　《全唐文》卷四二七於邵《送王司議季友赴洪州序》。
49　分別見葛劍雄主編《中國移民史》（第三卷）第九章、第十章各表，其中江西移民分布見表 9-3，福建人民出版社一九九七年版。

權皋家洪州，時「兩京蹂於胡騎，士君子多以家渡江東，知名之士如李華、柳識兄弟者，皆仰皋之德而友善之」；又《江西通志》卷九十六《寓賢》引《豫章書》載權皋事蹟云：「秦州略陽人，祿山反……客洪州……自中原亂，士人率渡江。李希、柳識、韓洄、王定，皆仰皋節，與友善。」此外，崔夫人李金、寶夫人崔氏等人均舉家遷入洪州。以上所列這些人都屬於上層移民，在大曆前後多北返中原。但是，上層移民活躍的地方，一般也有較多的下層移民，而且他們大多應定居在當地。裴氏和王振兩家在貞元前後遷入洪州的事例[50]，說明在藩鎮割據階段有一些北方人遷入。

江州為江西的北部門戶，是移民渡長江入江西的主要地，沉積於此地的移民自是不少。《舊唐書・盧簡辭傳》載，簡辭「天寶末舉進士，遇亂不第，奉親避地於鄱陽，與郡人吉中孚為林泉之友」。《新唐書・盧綸傳》敘簡辭之父盧綸：「河東蒲人，避天寶亂，客於鄱陽。」《唐國史補》卷上：「元結，天寶之亂，自汝濆大率鄰里，南投襄漢，保全者千餘家。乃舉義師宛葉之間，有嬰城捍寇之功。」元結「南投」地點「襄漢」疑「瀼溪」之誤，「瀼溪」在今江西瑞昌縣，瑞昌則與九江毗鄰。同治《饒州府志》卷二十四載，潤州（今江蘇金壇縣）人戴叔倫，「初嘗避亂至鄱陽」。又安史亂時生活在南方的北方籍道士吳筠作《酬葉縣劉明

50　周紹良：《唐代墓誌彙編》，上海古籍出版社一九九二年版，第 1934、2150 頁。

府避地廬山，言懷詒鄭錄事昆貴、苟尊師兼見贈之》詩，說他們在「河洛初沸騰」時遷入江州以後，「隱令舊閻裡，而今複成蹟」。據此，劉、鄭、苟等人都是亂後舉家遷入江州的北方移民。據唐人李華《盧齋居記》記，廣德二年（764 年）北方人盧振定居在九江南郭，因其威信較高，被「尋陽（潯陽）僑舊推仁人焉，推智者焉」。這些「尋陽僑舊」應多是北方移民。建中二年（781 年）蘄州（治今湖北蘄春縣北）刺史李良安領老幼二萬餘口渡江遷入江西，與之隔江相望的江州應是移民最主要的定居地。劉長卿《送李二十四移家之江州》：「逋客多南渡，征鴻自北飛。」在一定意義上就是移民遷入江州地域的寫照。

饒州位於贛東北鄱江和信江流域，是北方移民過江後遷入江西或從江南轉入的必經之地。至德元載（756 年）永王璘東下江淮失敗，南奔時就曾攻入饒州。安史之亂期間，宋垣、盧綸、劉長卿等人均自北方全家遷入。除了上層移民，還有一定數量的下層移民，一位年僅十五歲的北方籍尼姑便居住在鄱陽[51]。皇甫冉《送李錄事赴饒州》：「北人南去雪紛紛，雁叫汀沙不可聞。」即是描述北方人大量遷入饒州的情形。

信州扼江南、江西的交通要道，一些移民在遷移過程中選擇此地為定居地。安史亂時移民以工部郎中王端及其三個兒子、權德輿從兄權穎以及另一位北方人韋宗仁為代表。王端死於此，元和十年才得返葬北方；韋宗仁是否定居文獻闕載，但權穎在貞元

51　《全唐詩》卷一開一劉長卿《戲贈干越尼子歌》。

年間仍未北返。貞元初孫成任信州刺史，因「再期增戶五千，詔書褒美」[52]。是年藩鎮戰爭時期，有一些北方人民遷入江西，信州土地較多又靠近長江，完全可能湧入移民。

吉州位於贛江中游，是江西南部比較富裕的大州，且通往嶺南的南北交通大道經過此，許多移民進入江西後溯贛江而上，遷入吉州。明代著名文人解縉先祖世居山西雁門，唐天寶年間，遷至今吉水河、同江河一帶。《崇正同人系譜》卷二《氏族》蕭氏條雲「至十三世孫蕭覺，仕唐，值此亂，舉族出逃」，分居湖廣及江西泰和廬陵等縣。又《彭氏重修通譜》云：保定盧氏「七世孫景植，為禮部侍郎，家河間。子構雲，避天寶之難，家江右。」其孫盧偁任宜春縣令，徙居吉州赤石洞。此外，崔祐甫姐盧夫人崔氏，以及曾任校書的李某等三家，也是安史之亂階段移民吉州的代表。據皇甫湜《吉州刺史廳壁記》，元和初刺史張某得到當地人民的稱讚，政績之一是安撫流亡。既然有一些移民遷入吉州，張偁安撫的流亡者可能有相當部分是北方移民。

安史之亂期間，移民在江西的分布很不均衡，葛劍雄先生所列二十七個移民例子分布在以鄱陽湖經濟圈為中心的洪、饒、信、吉、江等五州，贛江上游的虔州、撫河流域的撫州和袁河流域的袁州都沒有移民定居的資料。雖然那些沒有個案移民資料的州不等於沒有移民，如永王璘事件中，永王璘殘部自江南逃入江西，在贛南大庾嶺一帶被擒殺，即可能會有人留在虔州。賈島

---

52 《新唐書》卷二一開《孫成傳》，年代據《冊府元龜》卷八二○。

《送南康姚明府》云：「版籍多遷客，封疆接洞田。」即是有北方人口遷入虔州的說明，但境內移民數量特別是上層移民人數較少卻是毋庸置疑的。移民主要自北部溯贛江幹流而上，到吉州以後人數就比較少了，撫州、袁州因位於支流上，所以人數也不多。還有一點值得注意的是，這一時期進入江西地區的移民並不穩定，那就是動亂結束之後（主要在大曆年間）許多人紛紛北返中原。在二十七位個案移民中，權德輿、李金、竇氏、盧綸、崔祐甫等五人北返，權皋、權皋母、竇氏夫人崔氏、崔眾甫、王端、盧夫人崔氏等六人歸葬，共十一人，占了百分之四十一，而其間整個南方區域的北方移民中北返和歸葬者只有百分之二十六[53]。北方人北返比例高，除了說明移民受安土重遷的傳統心理深刻影響外，也反映了當時唐代江西經濟文化還不夠發達，故相當一部分上層移民不願在此定居。

現存的《元和郡縣圖志》保留有一八〇個州的元和戶數，是唐代中後期唯一的分州戶口資料。但唐朝自安史之亂後中央權力下降，統一的戶口制度已不能行於全國，兩稅法的推行又促使所申報戶口亦多趨不實。綜觀《元和郡縣圖志》中各州元和戶口數，最顯著特點就是普遍比同書所載開元戶數為低，若與兩唐書《地理志》所載天寶戶口相較則更低。這在北方或可以解釋為戰爭的破壞，在南方許多地區卻不好理解。很顯然，元和戶數有不實之處，而且趨於偏低。《元和郡縣圖志》對江西的人口統計也

53　葛劍雄主編：《中國移民史》（第三卷），福建人民出版社一九九七年版，第 297 頁、第 245 頁。

是如此。作為「江西七郡，土沃人庶」代表的洪州，人戶殷繁。洪州州城在唐代四次擴建，元和中即有一次。元和前期韋丹在城內僅僅資助居民改草屋為瓦屋就近兩萬間，這表明洪州元和戶九萬餘隻會偏低。吉、饒二州元和戶雖較天寶戶有增加，但卻增加無幾，恐怕也有偏低的問題。因吉州僅廬陵一縣即有戶二萬餘。饒州經濟開發比較全面，人口增長過程也很明顯，如饒州銀山采戶即「逾萬」[54]。該州茶葉的長足發展也必然要吸引不少外地的商旅和手工業者。歙州祁門縣在閶門之險略事修治後，史稱商客紛至遝來，竟至「籍戶」[55]，此種情況在商賈輻輳的饒州浮梁等地亦當有之。撫州元和戶比天寶頗有減少，該州農業手工業均稱發達，而且「賈貨駢肩」。減少的原因或與一部分地區割歸信州有關。但是唐後期撫州已號稱「人繁土沃」，州治的羅城、子城均有修築，非州治所在的南豐縣也有上萬戶口[56]。乾元年間新成立的信州主要割自江西饒、撫二州。信州元和戶為二八七一一，《太平寰宇記》卷一○七引《元和十道要略》作二三五○戶，當有訛誤。實際上信州的戶口亦不止於《元和郡縣圖志》所載之數，《舊唐書‧地理志》稱信州有戶四萬，雖不明確何時之數，自然是在中唐之後。簡言之，《元和郡縣圖志》的元和戶對中唐以後江西戶口繼續增長的趨勢反映得大體不錯，只是明顯偏低。

54　《太平廣記》一○四《銀山老人》。
55　《全唐文》卷八○二張途《祁門縣新修閶門溪記》。
56　《全唐文》卷八一九張保和《唐撫州羅城記》、《新修撫州子城記》，同書同卷刁尚能《撫州南城縣羅城記》。

據《元和郡縣圖志》卷二十八載，江西戶口在全國的比重由百分之二點七六增至百分之十二點三九。雖然從天寶至元和間洪饒等八州戶數隻增加三萬，但是在全國總戶數中的比重卻激增約四倍。很明顯，這是由於安史之亂與藩鎮割據造成了中原地區殘破，導致全國戶口總數銳減，人口大量南遷。據《元和郡縣圖志》所存州鎮戶數可知，中唐以來北方編戶銳減的同時，南方著籍民戶也有減耗，只是下降幅度普遍低於北方。《元和國計簿》稱天下方鎮四十八道，有戶一四四萬，江南道元和戶較天寶年戶下降了百分之四十四，但仍近百萬戶，在全國諸道中遙遙領先。中唐以後南方編戶數在全國編戶總數中始終佔據絕對優勢，它是貞觀、天寶之際即已開始顯露的戶口重心南移趨勢的作用，更是安史之亂加速這一趨勢的必然結果。江西在這一趨勢中表現突出。元和戶口普遍比天寶年間大幅度下降，全國只有十一個州的戶口出現增加。這十一州除隰州以外，其餘十州均在南方。其中的江西又佔有三州，即饒州、洪州和吉州。據《元和郡國圖志》卷二十八所載，洪州：天寶戶五五五三○，元和戶九一一二九，淨增率百分之六十四；饒州：天寶戶四○八九九，元和戶四六一一六，淨增率百分之十三；吉州：天寶戶三七七五二，元和戶四一○二五，淨增率百分之九。由於其間全國各地的著籍戶數普遍下降，三州的增長便顯得十分突出。洪、饒、吉三州面積占贛中贛北的三分之二，又地處江西條件最好的農業區域，元和間戶口的大量增加，表明安史之亂、藩鎮割據期間有大批北方移民到此定居。贛北的移民可能達到總戶口數的三分之一以上，贛中則稍遜一成。此外，信州天寶時尚未設州，元和二八七一一戶。袁

州、虔州、撫州、江州元和時期的人口比天寶時下降。而這可能與民眾因各種原因脫離國家戶籍相關，比如唐後期地主莊園發達，莊主就隱占了不少人口戶數，不是人口戶數實際有所下降。

隋以前，我國人口分布北重南輕。隋唐以來，隨著社會經濟的發展，我國的人口重心一步步向南方轉移。貞觀十三年（639年），關內、河南、河東、河北、山南五道合計，占總人口的百分之五十點九二，地域廣闊的江南只占百分之十五點八六。天寶元年（742年），前者上升至百分之六十三點六二，後者為百分之二十點二二，北方人口的優勢十分明顯。安史之亂以後，形勢大變，人口逐漸向江南聚集。元和年間的關河五道下降為百分之四五點九六，江南、湖南、劍南、嶺南四道占百分之四十點九六，其中江南道超過總數的三分之一，占百分之三三點四六。江南道下轄的江西觀察使所管的洪、饒等等州天寶之前，人口在全國所占比重，長期只占百分之二到百分之三，而至元和年間已占諸道總計的十二點三九，超過江南道以外的任何一道。此後的一個半世紀內，穩定在百分之十左右。顯然，江西地區人口的上升，對南方在全國人口中所占的比例的上升也頗具積極意義。總之，安史之亂後，外來人口的大量遷入江西，對江西的人口狀況產生了了較大的影響，不僅均衡了江西地區人口的分布狀況，而且大大提高了江西人口在全國人口結構中比例。

安史之亂後江西增設上饒、新豐（後廢）、貴溪、分寧等縣，並設立信州，這其中的重要原因是外來人口遷入而導致當地人口增加。貞元十六年（800年）洪州刺史李巽鑒於戶口激增的情況，奏請分武寧縣西界置分寧縣，這與北方人口南來促使這一

地區人口增加有著密切的關係。南宋崇仁人吳曾就曾談到這一
點，「修水在分寧縣北，東南經縣治，又經武寧縣東北，流六百
里至海昏，又江流一百里入彭蠡湖。世傳郭璞記曰：『有魚名
脩，有水名滽，天下大亂，此地無憂。』言可避亂也。」[57]此地
的安寧，給北方南來之人以避亂的理想之地。

　　信州的設置顯然是大大均衡了所轄地區的人口分布。自乾元
元年至永泰元年間（758-765 年），從饒州接連分置了上饒、永
豐、貴溪三縣（其實 4 縣，至德縣割屬池州）。這三縣合衢州玉
山縣建立一個新州——信州，轄五縣。信州所處山嶺較多，如
《太平寰宇記》卷一〇七記玉山縣：「他山合遝，峻嶺橫互，溪
谷皆相互分其流，雖步通三衢，而水絕干越，千峰萬擁，限隔不
可得而虞也。自陳隋以來，此為巨奧。」宋人莊綽曾遊歷南方一
些州縣，他對信州附近的地理環境有較具體的描述，當時與信州
為界的開化縣，「萬山所環，路不通驛，部使者率數十年不到，
居人流寓，恃以安處」[58]。信州的地理條件與此接近，其地富
饒，開發又晚，故去避難者眾多。

　　洪州和饒州增設的新州縣位於山區，即集中在信江與修水的
上游，這一方面說明山區是避亂的理想之所，同時也表明，洪、
饒二州所在的鄱陽湖周圍的平原開發程度已較高，人口也比較密
集，所以新來移民遂聚居於條件稍差的山區，這一流動趨向在五

57　吳曾：《能改齋漫錄》卷九《地理》。
58　莊綽：《雞肋編》卷中。

代及宋朝仍在延續。增加的人口，既居住在城鎮，更勞作於鄉村。據《元和郡縣圖志》卷二十八所記，從玄宗開元年間至憲宗元和年間，江西八州共計的鄉數，由三七九增至五一〇，多了一三一鄉。其中饒州由二十鄉增至六十九鄉，洪州由九十四鄉增至一一〇鄉，表現尤為突出。安史之亂以後新成立的信州，其戶數額過虔、江、袁、撫四州，有六十四鄉，只次於洪、饒、吉三州，頗有後來居上的勢頭。這充分說明移民人口對江西區域人口的均衡起了較大作用。

導致唐代江西人口迅速增長的大量移民，不僅僅來自北方，還有相當一部分來自與江西近鄰的南方地區。安史之亂之前，已有一定數量的南方籍移民遷入；安史之亂後，南方人口流入江西的勢頭比以前更盛。乾元元年（758 年）以後，江南曾發生嚴重饑荒，只有衢州一帶收成不錯，一萬餘戶「浙右流離」遷入衢州[59]。饒、信二州靠近衢州，可能會有一些南方籍移民向此遷移。信州在唐後期人口增長較快，特別是大曆三、四年間裴倩任信州刺史，「用寬惠誠厚輯柔所部。稔事滿野，嘉禾同穎，年以順成，人斯洽和。複其庸亡五千室，辟其農耕二萬畝」。雖然取得如此好的政績，但裴倩在離任之日，為了減輕此五千室逃戶的負擔，並不把他們登記在籍，他說「吾以恤隱，豈當沽美？」[60]據此看來，這些逃戶是因裴倩行仁政始回歸或遷入信州的，除了

59　《全唐文》卷三一六李華《衢州刺史廳壁記》。
60　《全唐文》卷五〇〇權德輿《裴公神道碑銘》。

可能有北方移民外，相當部分是躲避賦役的南方逃戶，裴倩瞭解
他們的遷移動機並同情他們，故意隱瞞不報。貞元初，孫成為信
州刺史，在第二個任期內人口增加五千戶，可能也有一部分是南
方籍移民。建中年間（780-783 年），因「軍興以來，職役繁
重」，江淮人民「多有流亡」[61]。逃戶多選擇那些地方為官清廉、
人民負擔相對較輕的州縣，作為自己的遷入地。王讜《唐語林》
卷一載，「（唐代宗）時征役煩重，袁州特為殘破。（閻）伯嶼專
以惠化招撫，逃亡皆複。鄰境慕德，繦負而來。數年之間，漁商
闐湊，州境大理。及改撫州，百姓相率而隨之。伯嶼未行，或已
有先發。」由於「惠化招撫」，便使得本州逃亡皆複，鄰境繦負
而來，又隨其改任而遷移他州。「相率而隨之」遷移的多數人只
能是袁州或其鄰近諸州人。據此可知江西各地的外地移民中，都
有一部分本是南方人，只是限於資料無法得知所占比重。

在外來人口進入江西的過程中，一些特別移民也應注意。他
們並非完全是為避亂而移民本區。如有的是宗教原因，《唐摭言》
卷八記，睦州（今浙江建德）人施肩吾，「以洪州之西山乃十二
真君羽化之地，……慕其真風，高蹈於此」。這既是江西安定的
反映，也招致更多的信徒和參學之流，進入江西，使境內許多大
寺廟都有「禪侶雲集」的現象。有的是因個人興趣，如複州竟陵
（今湖北天門）陸羽至餘干東山，從事隱逸與茶事。還有一些是
為官遊學於此留戀於此而最終定居於此的。《彭氏重修通譜》

載：「第三代倜公……生於唐大曆八年癸丑。德宗貞元七年登進士第，官宜春令。因宦官竊柄，棄官，隱居盧陵五十九都隱源山口，即今之古住場是也。」安福縣的劉像，肅宗時為安福令，愛縣境東鄉密湖山水佳勝，因而定居。又劉韶，德宗時曾行虔州判事，後加封金紫光大夫、大司農兼侍講大學士，致仕後而回歸虔州，遊金精勝境，至寧都安福馬跡營時，見山環水秀，遂置產蔔居於此。貞元年間，楊衡、李渤、李涉等北方士人隱居在江西盧山，來自下層的上谷人侯高及其子也定居於此。此外，一些胡人因活動於江西，也移民於此。如《因話錄》卷六所載的優胡曹贊，顯然已定居洪州。這些士庶，人數、定居時間或許有限，但也在一定程度上增大了江西的人口數量。

三　唐末五代移民持續入贛

元和以後，江西地區與全國一樣，缺少人口統計。諸多歷史事實表明，江西人口在元和以後仍然繼續快速增長，一直持續到五代，這一現象仍與外來移民遷贛相關。眾所周知，安史之亂後，唐皇朝雖不乏中興氣象，但總的趨勢日趨衰微。如君臣日益腐朽、沒落；均田制和租庸調制遭到徹底破壞，代之以大地主所有制和兩稅法，貧富日益懸殊；割據一方的藩鎮，「戶版不籍於天府，稅賦不入於朝廷」[62]，致使官府愈發強化了對勞動人民的

62　《舊唐書》卷一四一《田承嗣傳》。

剝削與搜括，人民「處處流散，饑者不得食，寒者不得衣」[63]。社會動盪加劇，黎民災難倍增，唐政權最終在黃巢大起義的打擊下分崩離析。緊接著又是藩鎮混戰，最後形成五代十國的大分裂局面。傳統統治中心區域的中原，軍閥們「毒手尊拳，交相於暮夜；金戈鐵馬，蹂踐於明時」[64]，「大者稱帝，小者稱王」[65]，混戰使西起關中，東至青、齊，南及荊、郢，北至衛、滑的廣大北方地區人煙稀少。洛陽「城邑殘破，戶不滿百」[66]。契丹貴族侵襲過的河北諸地，更是「自涿州至幽州百里，人跡斷絕」[67]。整個中國瓜分豆剖，廣大民眾備受兵燹之苦，流離失所，又一次形成了大規模的北方人口南流浪潮。

　　唐末江淮地區戰事頻繁，其地先後有高駢部將的廝殺，畢師鐸、秦彥、孫儒和楊行密等人的連年戰爭，甚至出現「鞠為荒榛」[68]，「廬舍焚蕩，民戶喪亡」[69]的慘景。因此，輾轉於江淮的民眾，更多選擇繼續南下。《舊唐書·唐次傳》載：「乾符末，河南盜起，兩都覆沒，以其家避地江南。」但自楊行密佔有江淮地區以後，戰亂減少，史稱「自楊氏王吳，淮甸之人不識干戈者

63　《舊唐書》卷一九○《劉蕡傳》。
64　《舊五代史》卷六十《李襲吉傳》。
65　《新五代史》卷二十九《劉守光傳》。
66　《新五代史》卷四十五《張全義傳》。
67　《新五代史》卷七十四《四夷附錄》。
68　《舊五代史》卷一三四《楊行密傳》。
69　《舊唐書》卷一八二《秦彥傳》。

二十餘年」[70]。其間楊行密採取了「招合遺散，與民休息，政事寬減」的政策[71]。數年之內，江淮間公私富庶，幾復昔時盛況。為了增加國家的力量，吳、南唐政府對北方人民多採取招撫的政策，誘使各色人員遷入本國。吳國「寬刑法，推恩信，起延賓亭以待四方之士……士有羈旅於吳者，皆齒用之」。因此「北土士人聞風至者無虛日」。南唐繼承了吳國招徠四方之士的政策，不僅注意攏絡上層移民，也注意招納下層移民。南唐規定：對於南來民眾，有司計口給食，若願耕植者授予土田，複三年租役。這種相對進步的政策，加之交通便利、自然條件等諸因素，楊吳、南唐統治地區招來了大量北方流寓人口。

唐末五代期間，江西也曾陷入了戰亂之中，先是黃巢義軍與唐官軍在江西的爭戰，接著是新興的軍閥在江西混鬥，最後是楊吳、南唐對江西的用兵。不過，這些戰事都是有限的，比起全國大多數地區說來，破壞相對較輕。另外，爭奪之餘，鐘傳在洪州、危全諷在撫州，彭玕在吉州，盧光稠、譚全播在虔州，都有安定當地社會秩序、維持經濟文化進步以求生存發展的治績。進入南唐統治時期以後，兵燹之災基本消失，統治者又重視本區的經濟發展。相對於淮水流域各州，這一時期的江西社會比較安寧，經濟自中唐以來一直穩定且快速地向前發展，又還留有若干區域等待進一步開發，因此本區依然是逃避戰亂的勝地，境外大

70　馬令：《南唐書》卷三《嗣主傳》。
71　《新唐書》卷一八八《楊行密傳》。

批難民繼續蜂擁而至。

　　洪州仍然是唐末五代時期移民遷入的重點區域。徐鉉《唐故印府君墓誌銘》記，印氏「其先京兆人也……會上國喪亂，遂南奔豫章。」《十國春秋・鍾蒨傳》載，北方人鍾蒨「隨兄懷建家豫章」。豐城揭氏，據元人揭傒斯說：「唐乾寧二年（895 年）僕射（揭）鎮以敗上官逢之功，加銀青光祿大夫、持節、袁州諸軍事、守袁州刺史兼御史大夫、上柱國，有勞績於袁，子孫世居袁。」揭傒斯又指出，盱江揭氏與豐城揭氏之始祖，是兄弟輩，不是父子祖孫的繼承關係，這是「兄弟遭五季之亂，遂散處諸郡」所致[72]。五代時期，陳陶「少學長安，昇元中，南奔，將求見烈祖，自度不合，乃隱洪州西山」[73]。京兆萬年人劉盈，「仕南唐為筠州鎮遏使」，遂定居高安縣。修水談資「其先婺州金華人也，遭五季之亂，徙居豫章之分寧（今修水）」[74]。修水「黃氏自婺州來者諱瞻，以策幹江南李氏不用，用為著作佐郎知分寧縣，其後吳、楚政益衰，著作乃去官遊湖湘間。久之，念山川重深，可以避世，無若分寧者，遂將家居焉」[75]。安義洪覺順，「其家自五季離亂，由丹陽徙南康之建昌，遂為邑人」[76]。南唐後

72　《揭傒斯全集・文集》卷三《重修揭氏族譜序》，上向古籍出版社點校本。

73　馬令：《南唐書》卷七《陳陶傳》。

74　《吉州助教談資墓志銘》。陳柏泉編著・《江西出土墓誌選編》，江西教育出版社一九九一年版。

75　《豫章集》二十一《叔父和叔墓碣》。

76　《危恕妻洪覺順墓記》。陳柏泉編著・《江西出土墓誌選編》，江西教

期，對移民遷洪州最有直接影響的事件是李璟遷都南昌。南唐君主在南昌僅留數月，但其中有一部分人員長住下來。甘從矩以丹陽兵從李璟遷都至南昌並定居於此。「開寶中，子禎遂以列侯居豐城。」[77]王氏和姚岩傑等幾家均在此期間遷入。

饒州地接江淮，向為北來移民安居江西的要衝。安史之亂時，江淮為中原難民避難之地。咸通、乾符之後，江淮也不得安寧。大批人戶退入安徽山區地帶，歙州諸縣成了流民入贛的中轉地。朱、洪、程、張、汪等著名家族先後在歙州黃墩（今安徽新安）居留，再遷入與之相接的江西饒州境的浮梁、德興、鄱陽等縣落籍。史載，浮梁程節：「出黃墩之裔。黃墩與饒接，祠廟墳墓猶在。曾高以來，遂家浮梁，當南唐偏據，皆終隱不仕。」[78]德興張氏：其先「散居江淮間，避黃巢於歙之黃墩。國初，乃遷饒」。北宋初年定居德興縣的這家張氏，子孫繁衍，有張潛、張根、張燾傑俊之士。樂平洪氏：「洪族本居徽州，唐末避亂徙樂平之東七十裡曰岩前，曰洪源，凡百餘家，世世業耕桑。」後來再移居鄱陽，「鄱陽三洪」即此家子孫。婺源張敦頤先世「本漢留侯之裔孫。七世祖自歙之黃墩遷婺源，故世為婺源人」[79]。婺

育出版社一九九一年版。

77　《揭傒斯全集·文集》卷八《甘公士謙墓志銘》，上海古籍出版社點校本。

78　《寶義閣待制程節墓志銘》。陳柏泉編著：《江西出土墓志選編》，江西教育出版社一九九一年版。

79　《衡陽守張敦頤埋義》。陳柏泉編著：《江西出土墓誌選編》，江西教育出版社一九九一年版。

源縣朱熹的家族，其先人也是在唐末五代時期來自歙州黃墩。除此之外，也有外地人因活動於當地而成為定居者。浮梁金氏，原籍京兆。唐僖宗時，金氏有人任浮梁縣令，恰值黃巢義軍入贛，該縣令「徙人築險自保，所活人丁數萬，因留治之，凡十有七年，遂家浮梁」，成了浮梁金氏的始遷祖[80]。弋陽劉汾，是饒州劉氏始遷祖。他率軍追擊黃巢，受命鎮守饒州、信州，寓居於饒州弋陽縣。自念殺戮大多，遂買田施僧，祈求補過，最終在當地安置祖廟墳塋，落籍定居。據宋人朱熹《程君公才墓表》記：程維，唐乾符間（874-879 年），「以紫金光祿大夫海州鹽鐵使將兵討（黃）巢不利，始居饒州樂平之銀城，後徙……德興縣」。又朱熹《迪功郎致仕王君墓碣銘》記：「王氏唐末避地，始為饒州德興人。」吳興《姚氏宗譜》卷二載，姚政，原「居新安之南城」，唐昭宗天祐元年（904 年）復遷饒州，其第三子道新遷浮梁，第四子仁新「遷浮邑北裡，後居程家巷」。此外，廣明元年黃巢別部常宏數萬人因疫病在此投降，當有很多人留居饒州。

撫州也是唐末五代外來人口遷入較多的地區。南城、臨川、金溪的黃氏，其源皆自淮南而來。唐末離亂，壽州軍閥王緒、王潮率軍進入江西，劫掠潯陽、洪州等地，溯贛江而上，折入汀州。後王潮殺王緒，進佔泉州、福州等地。至其弟王審知，遂建立閩政權。在這支由淮南來的人馬中，光州固始縣（今河南省東

80　《曾鞏集》卷四十四《衛尉寺丞致仕金君墓誌銘》。

南）人黃峻，在閩官至諫議大夫，抬棺「詣朝堂極諫」[81]，被貶漳州司戶參軍。可能因此變故，其子孫遂分散各地。據元人危素所知，「今邵武、南城、臨川多其後也。徙撫州南梧桐坪曰祚，梧桐坪今隸金溪」[82]。金溪陸氏，始遷祖是唐昭宗時宰相陸希聲的孫子陸德遷、陸德晟。五代末期，為避戰亂，兄弟倆從吳郡吳縣遷徙至金溪縣，定居於延福鄉青田里（今陸坊鄉陸坊村），最終發展成為遠近聞名的大族，南宋理學大師陸九淵就是出自該族。金溪周氏，原為金陵宦族，「唐末由金陵徙臨川金溪之莊上，臨川支派也，劉源莊上支派也」[83]。南豐縣吳氏，始遷祖稱宣公，生於唐僖宗乾符元年（874年），居四川閬州，娶後蜀國主孟知祥之女為妻，貴為駙馬。後來晉天福元年（936年）他偕妻攜三子綸、經、紹，拋卻皇親的尊榮，東下江西至撫州。二兒吳經居臨川，他隨老大、老三再徙居南豐縣，「有孫十八人，曾孫七十七人，玄孫三百人」，人丁興旺，家業鼎盛，他家置買山地水田，計良田二萬七千餘畝，稅山一萬餘頃。其孫輩再從南豐擴展至金溪縣，是以「撫建氏族之繁，吳氏為最」[84]。王安石之母吳氏，即源於此家族。據《鹿魏氏族譜》，山東清流魏氏家族的一支因唐末戰亂輾轉至江西撫州南豐等地。曾鞏先輩為魯人，

81　《十國春秋》卷九十六《黃峻傳》。

82　《危太朴文集》卷五《金溪黃氏墓記》。

83　《周良翁居士擴記》。陳柏泉編著：《江西出土墓誌選編》，江西教育出版社一九九一年版。

84　《疏山志略》卷十三《吳宜公逸傳》、《施疏山寺文約注》。

唐末五代時遷豫章，遂為南豐人氏。臨川晏氏，始遷祖晏墉，咸通中舉進士，卒官江西，著籍高安。其子延昌改遷於臨川。延昌的曾孫即是北宋名人晏殊。據《唐摭言》卷十載，湯篔，潤州丹陽（今江蘇丹陽）人，天祐間（904-907年）逃難至臨川，憂恚而卒。

唐末五代，吉州在江西境內是比較安定與富足的地方，也是外來移民選擇定居的理想之地。如南雄《胡氏續修族譜》載：吉安胡氏，「原其始皆南唐時由楚之醴陵德善鄉，遷吉州，或遷金陵，複徙吉州。……胡氏之遷吉州者，緣吉州屬南唐，時為小康，故避亂而徙居也」。據葛劍雄先生統計，在此期間江西境內的列表移民三十五例中，吉州即達十一例，占總數的百分之三十一。此十一例又占唐後期五代吉州全部個案移民數十四例的百分之七十九，說明這一時期移民的重要性。而且，此時不僅位於贛江幹流河谷的盧陵和吉水縣有個案移民，即連較為偏僻的山區縣安福和永新也有不少。

據一九九二年編《永新縣誌》卷二，唐、五代始遷入永新的有龍、顏、賀、張、左、肖、尹、湯、董、陳、周、戴、羅、文、姚、段、李、郭、胡、許、林等二十一姓，他們在縣境內的祖居村莊，現查到是建於唐末五代的有十七處。永新歷史上大姓排居前十位是劉、賀、尹、龍、周、李、陳、蕭、顏、王，其中賀、尹、龍、顏始遷於唐末五代，足以證明這個時期外來人口在永新的重要地位。略舉數例如下：龍庚，原鉅鹿（今河北南部）人，乾符間（874-879年）任吉水縣丞，「後避寇永新」，安家於東裡鄉蓮塘村。其後裔分居永新各處。民間素來有「無蓮塘不成

龍」的說法。尹濯，河南汴州（今開封）人。唐末任平南將軍，封鄱陽侯。朱溫篡唐建梁，中原激變，「遂避地永新，家焉」。其拓基所建村莊即名平南坊，今屬中鄉轄區。後裔分遷縣內多處。張翊，京兆（今西安）人，光化間（898-901 年），其父在番禺任縣尉，「時劉氏據交、廣」，因棄官北還，至潭州境，馬殷已組織起小朝廷，遂挈家入江西，因「廬陵沃壤」，定居禾川（永新）[85]。張翊在楊吳時為宋齊丘府中從事，南唐時升任虔州觀察判官、西昌（泰和）縣令，在任多著政績。張翊與弟惟彬善讀書，文辭婉麗，撰有《禾川大舜二妃廟碑》、《廬陵紫陽觀碑》、《新興佛閣碑》等。左鄴，光化初任湖南衡州司馬，值馬殷攻奪衡、永、道、郴、連等州，湖南地多戰亂，「遂居邑逢橋」，即定居於今永新懷忠鄉。

如以前的某些移民一樣，一些外地官吏到江西做官解任後，或因戰亂不得北還，或因留戀江西風物人情而定居下來，永新就有不少這樣的事例。會稽人賀憑，會昌間（841-846 年）為永新縣令，「秩滿擇居良坊」，子孫繁衍，成為永新著姓[86]。青州人張德廣，天復間（901-904 年）授節度推官，以功封開國男，監永新，任職期滿後，因家永新。蜀人文時，於同光三年（925 年）為吳帳前都指揮使，鎮守江西。他巡視至永新，愛其山水佳秀，遂定居永新都錢市坑東，成為永新文氏始祖。後代子孫眾多，發

85　《南唐野史》卷九《張翊》。
　86　《永新縣誌・人口》，新華出版社一九九二年版。

展成永新著姓，南宋民族英雄文天祥是其裔孫。顏詡、段翊，是南唐的兩個永新縣令，任滿之後，皆定居不去。其中顏詡，為唐名臣顏真卿之後。據《十國春秋·顏詡傳》載，其父輩已定居落籍於永新。顏詡家以禮法、孝義著稱，「一門百口，家法肅然」。《宋史》遂將其列入《孝義傳》。此外，新淦縣孔續，任吉州推官，因黃巢起義不能北歸，於文德元年（888年）定居新淦（其故里今屬峽江縣），成為江西孔姓始祖，北宋孔文仲、武仲、平仲兄弟是其第八世。

贛境腹地的泰和縣，當唐末戰亂之季，「四方大姓避地者輻輳而至，曾自長沙，張自洛陽，陳、嚴、王、蕭、劉、倪等族，皆自金陵而占籍焉，而生齒之繁，遂倍蓰於舊」[87]。嚴可求的祖先是馮翊（今陝西大荔）人。唐末，其父為

·江州義門陳氏宗譜

江淮轉運判官，遭戰亂不能歸鄉，留居廣陵。嚴可求在楊行密的政權下官至尚書僕射同平章事，其子嚴續在南唐政權中也是門下侍郎同平章事，遂遷居金陵。南唐後期戰亂又起，嚴續之子嚴美「舉家南竄至泰和，家焉，遂為泰和嚴氏」[88]。泰和、安福的周氏，祖先為金陵人，始遷祖為南唐禦史周矩。他「由金陵遷西昌

87　光緒《泰和縣誌》卷六《戶役》。
88　《揭傒斯全集·文集》卷七《嚴先生碑》。

（泰和）之爵譽里」[89]。到了周矩的七世孫周倩，再遷至安福縣後林。後代遂散居泰和、安福等縣。避居安福的劉巨容，即《資治通鑒》所載為田令孜所殺的山南節度使，實際上未死，逃亡至安福縣，其墳墓在安福瓜侖上湖官塘。吉州歐陽氏為渤海南遷一支長沙景達之後，唐時歐陽琮「為吉州刺史，子孫因家於吉州，自琮八世生萬，又為吉州安福令，其後世，或居安福，或居廬陵，或居吉水」[90]。是為唐末之事，歐陽琮為吉州歐陽氏的始祖。劉適，南唐工部尚書，其子君造任吉州推官，劉適退隱後隨子卜居安福縣穀木場。

唐末，遷入江州大姓以義門陳氏為代表。陳氏先祖陳京，唐德宗進士，元和年間官居給事中。京侄孫之孫，避戰亂而由中原遷居泉州。這位居泉州者之子陳伯宣，又北上隱居廬山，注《史記》，徵召不起。伯宣之孫陳旺再遷居於潯陽縣西南（即 927 年建縣的德安縣太平鄉常樂裡）。陳旺治家有方，兄弟同財共居，久而不散。唐末，其家有口二百餘，到南唐初年已增至七百口。歐陽修《新五代史・李昪世家》載，昪元三年（939 年）四月，「州縣言民孝悌五代同居者七家，皆表門閭，復其徭役；其尤盛者江州陳氏，宗族七百口，每食設廣席，長幼以次坐而共食。有畜犬百餘，共一牢食，一犬不至，諸犬不食」。

唐末五代遷入江州的外來人口也與廬山山林修學之風盛行密

89　《危太朴文集》卷九《安福周氏族譜序》。
90　《歐陽修全集》卷二十一《歐陽氏譜圖序》。

切相關。華原（陝西耀縣）人鄭元素，「少習詩禮，避亂南奔，
隱居廬山青牛谷四十餘年……構一室於舍後，會集古書千餘卷，
遂終其身焉」[91]。山東人史虛白，「中原喪亂，與韓熙載南
渡，……南遊至九江落星灣，因家焉」[92]。史壺，「本北州之右
族，……五代迭興，中原多故，李氏之據有江表也，觀士之去
就，為國之重輕，……且聞廬山泉石幽勝，杖策獨往，結茅在
茲」，「不復預人間事矣」[93]。閩人陳貺，「性淡漠，孤貧力學，
積書至數千卷，隱居廬山幾十年」[94]。江夏（湖北武昌）人黃載
「世為農，載釋耒耜，就學於廬山，師事虔（贛州）人劉元
亨」[95]。宣城（安徽宣城）人蒯鼇，「工屬文，……然居鄉飲博
無行，不為人士所容，乃去，入廬山國學」[96]。這種隱居讀書的
人口數量雖然不太多，但影響大，會吸引更多的人口移入當地。

　　信州遷入的人口較少，卻也不乏其例。施師點，原籍浙江吳
興，「五季避地信州玉山，復創縣永豐，分籍屬焉」[97]。翁綸「其
先唐中丞公之後，避五季南渡，始居嚴之青溪，再遷為信州貴溪

91　《十國春秋》卷二十九《鄭元素傳》。
92　《十國春秋》卷二十九《史虛白傳》。
93　《贈大理評事史壺幕志銘》。陳柏泉編著：《江西出土範志選編》，江
　　西教育出版社一九九一年版。
94　《十國春秋》卷二十九《陳炕傳》。
95　《十國春秋》卷二十九《筴載傳》。
96　《十國春秋》卷二十八《崩贅傳》。
97　《資政殿大學士師點擴志》。陳柏泉編著：《江西出土墓誌選編》，江
　　西教育出版社一九九一年版。

人」[98]。

　值得注意的是，地處偏遠、經濟落後、人口稀疏的虔州，自唐後期陸續遷來的北方族姓有山西古、浙江黎、洛陽丘、彭城劉、太原溫、沛國朱、博陵崔、陳留孫、長安楊、潁川陳等等，一改以前該地沒有大姓遷入的情形，成為外來移民遷入的重點地區。寧都縣陳姓，據《潁川陳氏三八太祖各族第一屆聯修宗譜》載，三八祖於唐昭宗時（889-904 年）從江州義門遷寧都東山壩定居。廖姓，據《璜溪中壩清河廖氏族譜》載，廖崇德原籍浙江松陽縣順義鄉，唐乾符二年（875 年）進士，後任虔化令，任滿不去，於後唐同光二年（924 年）入籍寧都肖田黃泥排，遂為贛、閩、粵各支之始祖。孫姓，據《寧都城南富春孫氏伯房十二修族譜》載，始祖孫訓是河南陳留人，唐中和四年（884 年）領兵進軍虔化縣，以戰功封東幹侯，定居寧都。其後代分居於寧都、於都、興國、贛縣和浙江、湖南等地。戴姓，據《譙國寧都戴氏十二修宗譜》載，始祖戴天賦，唐末從金陵赴任虔化令，遂定居肖田坪湖嶺。此外，長安僕都監、楊益，「黃巢破京城，益竊秘中禁術，與僕都監自長安奔虔化懷德鄉，愛其山水，遂居焉」[99]。

　除了上述諸州，袁州、筠州也有移民，只不過是沒有代表性

98　《翁綸府君擴記》。陳柏泉編著：《江西出土墓誌選編》，江西教育出版社一九九一年版。

99　道光《寧都直隸州志》卷二十六《方伎志》。

的大姓，因而史籍少有記載，在此略而不述。

以上列舉遷居江西的姓氏人物，類皆官宦之家，皆有史可據。就數量而言，他們在避難南遷者中是少數，更多的逃難者是平民百姓。普通民眾進入江西，依然耕墾勞作，處於芸芸眾生的被統治地位。其姓名不可能在史傳、文集及地方誌中找到。因此，南遷官宦的事例，具有相當的代表

· 贛南孫訥墓

性。大族富室遷徙入贛的事蹟，正是全體流徙人口的共同趨向的表徵。在葛劍雄先生列表移民中[100]，有三十五位移民於唐末五代遷入江西，他們不僅人數多於安史之亂時期，而且分布更加廣泛，遍及江西各州。不過，由於遷入較晚，他們主要是遷入山區地帶。正如南宋德興人汪藻說：「當唐末五季干戈紛擾之時，衣冠散處諸邑之大川長谷間，率皆即深而潛，依險而居。」[101]

由於五代時期江西地區已與割據政權的政治中心連繫緊密，因此人口移動深受政治、軍事因素的影響。例如南唐中主李璟在位時，不斷貶謫官員於江西，這些官員往往即落戶於當地。保大

100　葛劍雄《中國移民史》（第三卷），福建人民出版社一九九七年版，第297-299頁。
101　汪藻：《浮溪集》卷十九《為德興江氏鐘德堂作記》。

七年（949 年）邊鎬坐削官，流饒州；保大十四年，貶中書舍人喬匡舜於臨川；保大末，流劉存中饒州。中興元年（958 年）十一月放陳覺而安置饒州；顯德六年（959 年）十月流鐘謨饒州。南唐後主時，潘佑「曆詆一時公卿，獨薦（李）平可大用……會佑以直諫獲罪，因坐以與平淫祀鬼神事，繫平太理獄，縊死獄中，妻子徙虔州」[102]。

　　五代十國時期，南北方軍閥競相割據、相互兼併，帶來了軍事性的強制移民。後漢天福十二年（947 年），楚國第三任國王馬希范死去，諸弟爭權，內訌不斷。後漢乾祐三年（950 年）在衡山的馬希萼出兵攻陷長沙，自稱楚王，楚將李彥溫、劉彥瑫不服，各率千餘人投奔南唐。次年六月，楚靜江指揮使王逵執平武軍節度使馬光惠歸降南唐。九月，楚將徐威等人廢除馬希萼，南唐派邊鎬率軍趁亂攻入長沙，楚國滅亡。當年十一月，南唐將長沙的楚宗室各家族及將佐千餘人遷入南唐，在衡山的馬希萼與部下一萬餘人也自潭州東遷南唐。由於江西是南唐的後方穩定的基地，遷入南唐的楚國民眾，相當一部分遷到了江西。馬希萼最初被任命為江西觀察使，駐鎮洪州，但不久又被遷入金陵。不過，隨其遷入江西的那些楚國移民，相當一部分仍定居在江西。吉州廬陵的羅氏和蕭氏，泰和的胡氏、蕭氏，永新的蕭氏等宋元時的大族，據稱都是五代末自長沙遷入的。袁州新喻的蕭氏也是在此時自長沙遷入。

102 《十國春秋》卷二十四《李平傳》。

大致出於同樣的原因，唐末五代江西境內的人口也有向外遷移的。唐末黃巢農民軍活動於江西時，虔、吉等州不少民眾因兵禍徙於福建寧化等地。景福元年（892年）佔據淮南的孫儒與楊行密爭奪失敗，其將領劉建鋒、馬殷率七千餘人南走洪州，到江西時因有大量的南方人加入已達十餘萬人。此後劉、馬進入湖南，說明江西有一部分人轉入了湖南。唐末五代初，吳國派兵進攻江西境內各割據者，也將很多人掠奪到自己的統治區域。天祐三年（906年），吳將秦裴拔洪州，擄鐘傳之子鐘匡時及其司馬陳象等五千人歸國。後梁開平二年（908年），吳國軍隊又擒撫州危全諷及其將士五千人，並進擊信州的危仔倡和吉州的彭玕，彭率眾一千餘家奔走楚國的郴州和衡州，危仔倡則逃入吳越。後梁鳳曆元年（913年），吳越軍隊攻佔吳國廣德縣（今屬安徽），將在此防守的虔、信兩州民七千餘人遷入本國。後梁貞明三年（917年），楚國軍隊攻入吳國上高「俘獲而還」[103]。

江西北部和中部在接受眾多移民之後，經過一百餘年的繁衍生息，已使河谷平原地帶人滿土滿，從五代起又轉而向湖南移民，而且所輸出移民又以洪州、吉州籍人為多（饒州因相距較遠，所以移入湖南較少）[104]。另外，與江西相鄰的福建、廣東山區也是江西移民轉入的地區。《羅氏大成譜》云：「迨下唐僖宗

---

103 《資治通鑒》卷二六九「後梁均王貞明三年三月」條。
104 譚其驤：《湖南人由來考》，載《方志月刊》六卷九期，一九九三年四月。

之末，黃巢作亂，我祖儀貞公致仕，隱吉，因家吉豐。長子景新，徙居贛州府寧都州，歷數十年，又遷閩省汀州府寧化縣石壁村，成家立業，後裔繁昌，散徙於各郡邑者。」興寧《東門羅氏族譜》：「按豫章羅氏，遷居於興寧縣東郊者，不始於宋末之羅小九公，而始於五代時之羅昌儒公。阮元修《廣東通志・列傳》三十八《羅孟郊傳》，謂『其先南昌人，五代間有官興寧者，因家焉。』……按羅氏世居豫章，五代時昌儒，為循州刺史，遂家焉。」《崇正同人系譜》卷二《氏族》古氏條云：「五代至古蕃（原住南昌），生於唐乾符四年，曾任寶州都監，有子六人，當五季之世，中原擾攘，遂南遷嶺表。」相較之下，唐末五代時期，進入江西的人口多，而遷出的人口較少。畢竟就江西地區相對穩定，土地承載量尚有餘力，沒有發生嚴重的土地危機。

唐末五代進入江西地區的移民與永嘉之亂、安史之亂的移民相較，絕大多數移民仍是為了避亂而來。不過，這一時期移民出現了一些新的特點：一、移民更有目的性，他們往往已不單純為了避亂生存，而且有了更多的發展意圖，由客籍變為土著的人口大增。二、來自北方的移民雖然仍占大部分，但周邊地區進入的移民也有較大程度的增多。三、移民在江西各州縣分布更加廣泛，甚至連最為偏僻的虔州虔化縣和會昌縣也不例外。四、由於江西地區政治、軍事因素的增強，人口強制遷移的成分增大。五、江西的移民人口開始成一定規模向周邊區域轉移。這些新特點在宋以後的江西移民運動中得到進一步強化。

隨著唐末五代外來人口的繼續增加，江西人口又得到了較大的上升。為了更加明晰，現將南唐江西地區唐宋之間戶數變化列

表如下：

　　據《太平寰宇記》載，北宋太平興國年間，江西戶數猛增至五十九萬一八七〇。南唐滅亡是在北宋開寶八年（975 年），距太平興國元年（976 年）相差一年，距太平興國最後一年（984 年）也不過九年時間，在這麼短暫的時間內，北宋江西戶數不會有大的變動，因此這個數字基本可以反映五代末年的江西戶口情況。這個數字比唐元和年間的戶數增長了一倍多。即使減去一部分宋代江西增長的戶數，所剩下的南唐江西戶數也肯定比唐代多。五代十國時期，南唐境內江西行政區劃變動最大，新設縣數最多，或正說明江西的人口增長最多。又後周奪取淮南地區，得縣六十，戶二二六五七四，平均每縣有戶三七七六餘。北宋滅南唐，得縣一〇八，戶六五五〇六五，平均每縣有戶六一五八餘，就戶數比較而言，江南一些縣超過了淮南一個半縣。而南唐江西十州軍共有五十六個縣，占南唐一〇八縣的一半。由此可以推論說，六十五萬餘戶中有一半是生活在江西地區的，江西戶數大約三十餘萬，人口以戶數推，約一五〇萬上下，為有史以來之高峰。

・南唐江西地區唐宋之間戶數變化表

州（軍）名	元和戶數	宋初戶數	備註
洪州	91,129	103,478	新治縣由虔州割入。原有高安縣割入筠州，建昌縣入南康軍。
饒州	46,116	45,917	
虔州	26,260	85,146	

州 （軍）名	元和 戶數	宋初 戶數	備註
吉州	41,025	126,453	
江州	17,945	24,364	原有東流縣割入池州，都昌縣入南康軍。
袁州	17,226	97,703	
信州	28,711	40,685	原有鉛山縣歸宋朝直屆。
撫州	24,767	61,279	
筠州		46,329	
建昌軍		18,847	開寶二年（969）建軍，領原撫州南城縣。
南康軍		26,948	宋初建千江州星子縣，領原屬江州之都昌縣、洪州之建昌縣。

本表來源：《元和郡縣誌》、《太平寰宇記》、《中國歷代戶口、田地、田賦統計》。為了更準確地體現各州、縣戶數的變動，本表在備註中列入諸州之間有關各縣的歸屬變動情況。

四 人口增長與江西社會

隋唐五代江西地區人口增長迅速，達到有史以來之高峰。由此帶來了江西社會政治、經濟、文化等諸方面的深刻變化，造成了深遠的歷史影響。這種變化與影響，在以後的相關章節中都會有所說明。這裡僅就人口增長與江西社會變遷的關係略作闡述。

眾所周知，在以自然經濟為主的封建社會，人口的增減是社會穩定、經濟發展與否的基本指標。人口的增長即是勞動力的增長，對社會經濟的發展起著決定性的作用。隋唐五代江西正處於

由淺度開發轉向深度開發，由狹度開發轉向廣度開發的關鍵時期，人口的快速增長，基本滿足了社會經濟生產的需要，極大地提高了本區的生產力水準，促進了農業經濟的開發。唐安史之亂前江西開發主要集中在鄱陽湖沿岸和贛江幹支流河谷。人口的增多使江西地區的經濟開發得以全面鋪開，一些原先條件不好山區丘陵、河澤地域也開始納入了開發的序列。唐後期，除了贛南以外的廣大地區的生產面貌都有了較大改觀，成為經濟較為發達之地。例如，因地處偏僻長期經濟落後的南城縣，唐末已是「人繁土沃，桑耕有秋，學富文清，取捨無誤，既狀周道，兼貫魯風，萬戶魚鱗，實謂名邑」[105]。唐元和年間江西全境有八州三十七縣，南唐時期已增至九州一軍五十六縣。地域不變而州縣行政區一再增多，直接原因就是經濟發展，人口繁多。唐中期以來，江西新增置州縣基本都在山區地帶，說明本區的山區開發已因相當數量的人口進入而取得了較大的成就。

　　江西人口增長，在一定程度上推動了本區的經濟模式的改善。如江西手工業經濟、商品經濟的發達，與人口增長帶來的人力資源富裕及其壓力也不無關係。民眾因土地條件的限制，單純從事糧食生產維持生計或發家致富有較大困難，為了生存與發展，他們不得不因地制宜，多種經營，促進農業、手工業和商業的全面發展（具體情形見第三章有關論述）。

人口的增長，大大推動了文化建設。眾所周知，在遷贛的移民中，包括了各個階層，其中一些屬於大族世家。他們初來乍到，一方面要極力保存自己舊有的勢力，另一方面試圖有朝一日東山再起，而他們又掌握著文化知識，於是教育自己的子弟，幾乎成為這些文化人的普遍行為。唐代江西所創辦的一些書院往往與北方流寓入贛的人士有關[106]。他們以其文化素養改變著當地的文化氛圍，文化教育事業也會有相應的發展。中唐以來，江西文化在全國嶄露頭角與此息息相關。另一方面，江西的人口增長，經濟發展，勞動力相對富裕，從事文化事業的人自然上升。中唐以來，江西地區的科舉人數大增、文化成績驕人，就是突出的反映。

人口的增減，特別是國家掌握「編戶齊民」數量的多少，直接影響到政府的稅收，關係到國力的強弱、社會的穩定。隨著人口的大幅度上升，江西經濟的發展從此邁上了一個新臺階，中唐以來，江西作為封建政府重要的財賦重心的地位確立。所謂「江西七郡，列邑數十，土沃人庶，今之奧區，財賦孔殷，國用所系」[107]，就是中唐江西經濟地位的寫實。

在古代農業社會，人口的地理分布及其變遷直接反映了經濟與社會的發展狀況。人口重心一般就是經濟文化重心，經濟文化重心的轉移其實是人口重心的轉移。安史之亂後，中國經濟文化

---

106 陳文華、陳榮華主編：《江西通史》，江西人民出版社一九九九年版，第 210-211 頁。

107 《白居易集》卷五十五《除裴堪江西觀察使制》。

的重心南移的步伐大大加快，實現這個轉變的載體，就是大量的北人南遷，引起遷入地的人口迅速上升，經濟文化迅速發展繁榮。在南方各地，江西表現突出。毫無疑問，唐五代江西戶口的大幅度增長，成為當時中國的人口重心之一，對於中國古代經濟文化重心的南移，具有極其積極的作用，使本區成為中國古代經濟文化重心南移的前沿地帶。

　　唐五代時期到達江西的北方移民還產生了一個重要的後果，那就是形成了客家人和客家方言的最初源頭。客家人從來不承認自己非漢族，但又與一般漢族人口在文化屬性上有很大區別。如在日常生活上，他們住房採用圍攏的合院形式，服飾為「唐裝」。客家人與眾不同的最大特徵是他們所使用的客家方言——保留古代中原漢語的音韻最多，客家方言的形成是客家人起源的重要標誌。眾所周知，今天客家方言中保留了許多古代北方方言的特徵。而北方方言要在南方立足而不被當地方言所同化，就必

· 客家先民南遷紀念壇

須在短時期內實現大規模的移民運動才有可能。如果分散、斷續的少量移民，其所使用的方言只能被土著方言所消融。五期說的第一期是指東晉南朝的移民，其實此時來到江西的北方僑民數量很少，他們的方言不可能保持四百年之久，然後才疊加上去第二期即所謂的黃巢起義引發的北方移民的影響。更何況黃巢起義是流動作戰，南下北上大半個中國，根本不可能形成由北而南的大規模移民。客家人的源頭只能是被五期說所忽視的，安史之亂以後到達江西的中原移民。如前所述，這些移民擠滿了江西北部和中部，其具體數量雖不能確定，但人數眾多則是毋庸置疑。這裡可以從另外一個角度來看，由於在中唐以後接受了這麼一批北方移民，而使全江西地區元和時期戶口比天寶年間增長了近五分之一，這麼多的移民自然而然要在語言上占相當的優勢，他們所使用的方言就是今日客家方言的先聲。但這時遠不是客家方言，必須待到唐末五代及其以後的歷次戰亂把這些移民的後裔逼入贛南、閩贛以至閩粵贛山區，將他們的方言與北方方言區隔離開來，走上獨特的發展道路以後，才逐漸形成客家方言。後來進入山區的短距離移民運動是重要的，如果沒有這些運動，贛北贛中的移民方言充其量只能發展成今天北方方言中的一個次方言，如下江官話或西南官話那樣，而不能成為一種獨立的南方方言，同時也就沒有客家人可言。換言之，如果沒有中唐以後進入贛北和贛中的移民，那就會完全失去了客家方言的源頭。對客家方言形成起關鍵作用的是安史之亂引起的對江西的移民，唐末及後來的亂世只能說是起了催化作用而已。

　　客家人以粵贛閩交界山區為中心，主要分布在南方各省區乃

至海外，也是以安史之亂及以後的形勢密切相關。如《彭氏重修通譜》稱：彭氏原籍河間，「避天寶之難，家江左」。這次遷居又由唐末延續到五代，起因是南詔的內侵、黃巢起義以及其後的五代十國之爭的爭戰。這兩支力量先後橫掃了湖南、河南、江西、福建、安徽、廣西湖北和陝西等十數省。第一撥逃難到此的客家先民只好再次流亡，遠者達惠、嘉、韶等地，其近者到福建寧化、長汀、上杭、永定等地，最近者也在贛東、贛南一帶。這就為客家的聚居，民系的形成奠定了空間基礎。另一方面，由於唐五代時期北人遷至的江西客家地域，尚屬地廣人稀之地，土地與人口的矛盾並不突出，與當地土著民也無多大的衝突，故他們相對於土著來說是「客」，但與土著相對抗的客家意識尚不明晰，所以唐五代的客家只能說是處於萌芽狀態，江西地區真正的客家形成有待於明清時期。儘管如此，唐五代的北方移民入贛潮流對江西客家的形成仍具有特別的意義。

江西文庫 A0701A08

江西通史：隋唐卷　上冊

主　　編	鍾啟煌	
作　　者	陳金風	
責任編輯	楊家瑜	

發 行 人	陳滿銘
總 經 理	梁錦興
總 編 輯	陳滿銘
副總編輯	張晏瑞

編 輯 所	萬卷樓圖書股份有限公司
排　　版	菩薩蠻數位文化有限公司
印　　刷	百通科技股份有限公司
封面設計	菩薩蠻數位文化有限公司

出　　版　昌明文化有限公司

桃園市龜山區中原街 32 號

電話 (02)23216565

發　　行　萬卷樓圖書股份有限公司

臺北市羅斯福路二段 41 號 6 樓之 3

電話 (02)23216565

傳真 (02)23218698

電郵 SERVICE@WANJUAN.COM.TW

大陸經銷　廈門外圖臺灣書店有限公司

　　電郵 JKB188@188.COM

ISBN 978-986-496-182-5

2018 年 1 月初版

定價：新臺幣 340 元

如何購買本書：

1. 轉帳購書，請透過以下帳戶

　　合作金庫銀行　古亭分行

　　戶名：萬卷樓圖書股份有限公司

　　帳號：0877717092596

2. 網路購書，請透過萬卷樓網站

　　網址 WWW.WANJUAN.COM.TW

大量購書，請直接聯繫我們，將有專人為您

服務。客服：(02)23216565 分機 610

如有缺頁、破損或裝訂錯誤，請寄回更換

版權所有·翻印必究

Copyright©2016 by WanJuanLou Books CO., Ltd.

All Right Reserved　　　　　**Printed in Taiwan**

國家圖書館出版品預行編目資料

江西通史 隋唐卷 / 鍾啟煌主編.-- 初版.--

桃園市：昌明文化出版；臺北市：萬卷樓

發行, 2018.01

　　冊；　公分

ISBN 978-986-496-182-5(上冊：平裝).--

1.歷史 2.江西省

672.41　　　　　　　　　　　107001859